U0077066

讓夢想

Kim Hui 的成功筆記

飛翔

目錄

第二章　夢想

第三章 飛翔

第四章 創業家特質

第五章 湧泉以報

他序

有夢就一起飛翔

有一次，蘇格拉底的學生問他如何才能成功，他把學生帶到河邊，將學生的頭強行按入水中，學生拚命掙脫後，氣憤地質問他為什麼要這麼做，蘇格拉底回問：「你方才在水裡想到了什麼？」學生回答：「只想到呼吸！」「當你對成功的渴望像呼吸一樣，你就離成功不遠了！」蘇格拉底這麼告訴學生。

想在網路營銷實現夢想，除了如前面所說的對成功抱持強烈渴望，還包括：明確的目標、可行的計畫、持續的行動，以及堅定的信念。用這五大條件跨越重重障礙，成功達陣。

Kim是一個最佳典範。二〇〇九年九月九日，她啟動創業大夢的按鈕，短短三年內征服全球，在網路營銷界寫下一頁傳奇。

這是我擔任網路營銷顧問二十餘年所見到的最偉大成功！我見過很多成功的人，卻少有偉大的人，成功和偉大的區別在於：成功是讓自己得到什麼，而偉大是讓別人得到什麼。很榮幸能結識Kim這位集兩者於一身的夢想者。

在本書中，Kim把成功的歷程融入不平凡的經歷和機會中。透過本書，你可以追尋成功者的腳步，扎實地實現有價值的夢想。

她告訴我，希望這本新書成為有心圓夢者的一個加油站，藉由網路營銷平台得到財務、時間與心靈上的自由。被這份使命感感動的我，獻給她一首我寫的新歌，聽完她對我說：「艾莫老師，讓我們一起飛翔吧！」歌詞是這麼寫的：

有夢　就一起飛翔　不怕風雨阻擋
有夢　就一起飛翔　不要獨自彷徨憂傷
每個人都有想飛的翅膀　不要四處遊蕩浪費時光
有夢　就一起飛翔　從此不再迷茫
有夢　就一起飛翔　從此不會迷失方向
每個人都有成功的渴望　雨後天空總有燦爛陽光
讓我們擁有夢想　讓生活充滿希望
讓我們張開翅膀　讓生命一直向上
每個人都有想飛的翅膀　不要四處遊蕩浪費時光
每個人都有成功的渴望　雨後天空總有燦爛陽光
讓我們擁有夢想　讓生活充滿希望
讓我們張開翅膀　讓生命一直向上

Kim的故事才剛剛開始，而你，不論身在何地，如果擁有同樣的夢想，就讓我們一起飛翔吧！

——艾莫（香港互動投資集團董事長、全球系統創富教練暨培訓大師）

作者序

你我的約定

撰寫本書，是為了分享與回報。

創業的過程有起有伏，這些起伏將我訓練得行事從容、身段柔軟、信心堅定、更好也更有智慧，交織出不凡的生命經緯。

我想把這一路上的體會和收穫，盡可能地整理出來，與更多懷抱夢想的讀者分享，幫助他們發現自己的潛能，掌握改變與創新的機會。同時也是對於提攜者、工作夥伴，以及摯愛家人的一種回報。正如《分享》這首歌中的一段歌詞，「與你分享的快樂，勝過獨自擁有。」

真心感謝一路上陪伴的家人、貴人，以及打擊我的人，是這些人讓我突破家庭主婦的角色，發揮長才、大展身手，在工作中得到成就感和自信。夥伴們相信我的領導，願意和我一起逐夢成長，看著大家一步步地蛻變成更出色的網路營銷人才和領導者，有著言語無法形容的滿足和喜悅。家人無論是贊成或曾經反對我在事業上的決定，仍然給我最大的支持，格外讓人窩心。打擊我的人，則是讓我有卓越成長的機會。

二十年前，我一度陷入人生低潮，所幸危機困境反而給了我轉換人生跑道的機會，經過一番的努力，終於有今日的成就。其間經歷的種種人事物，無論是美好或具挑戰性的，都讓我獲益良多。

讓我最感到喜悅與滿足的，不只是物質上的收穫，還包括精神上的成長。工作與生活的經驗，讓我深刻了解與見證正面能量的龐大力量，心想的確會事成。我們的思維和意志力，強大到足以扭轉命運和人生，我就是一個很好的例子。所以我拒絕負面思考和負面情緒，因為它們就像是烏雲，很快會把人困住，讓人耗盡力氣。

許多人帶著問題來找我，希望我能給他們一些建議或答案。對我而言，最好的回答，就是分享我的正面能量和思考方式。對現狀不滿意而有志創業的朋友，會發現這條路絕對有挑戰，但只要能專注在目標上，相信夢想，永不放棄，回頭一望，之前的驚濤拍岸，早已變得雲淡風輕。

勇於挑戰人生的極限，踏實走過，在這片雲淡風輕中，清晰留下的將是傳奇的身影。

第1章

灰姑娘

平凡家庭從香港移民到美國，
害羞的女孩點燃心中的燭火，
克服膚色與性別的牆垛，
一步一步向前走，
終於找到屬於自己的夢想與生活。

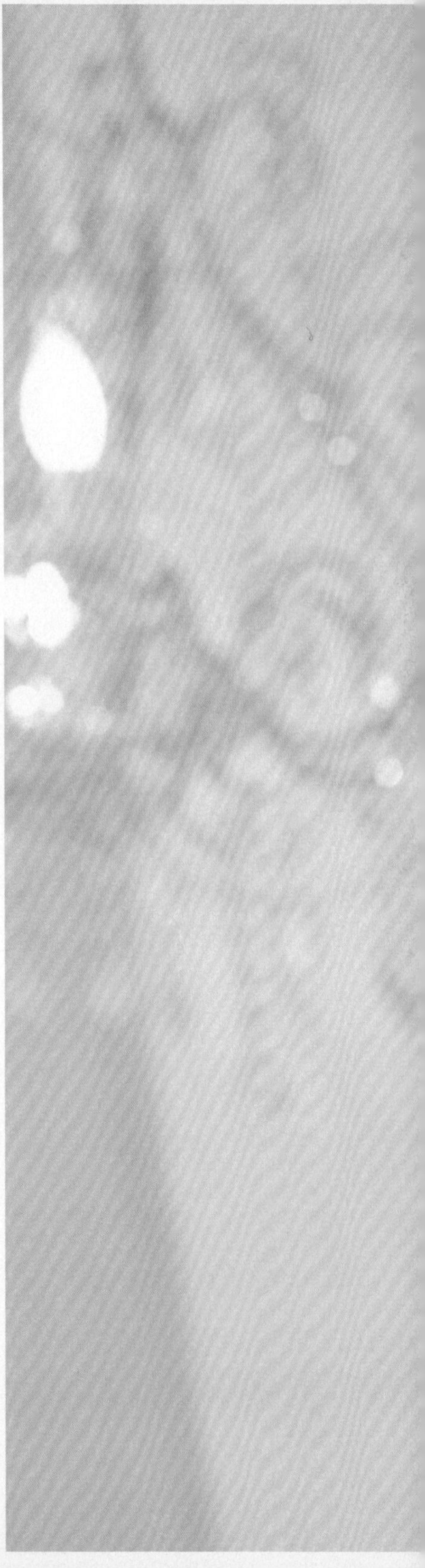

母親

我永遠無法忘記母親在餐廳打工的身影，
以及期待我們出人頭地的心願。
她的堅忍性格，徹底遺傳給我，帶領我探索遼闊的世界。

2013 年 1 月，Kim（圖中）陪母親（圖右）、父親（圖左）重回兒時的故鄉一香港。34 年後，同樣的人，同樣的地點，卻有著不同的心境。

從我有記憶開始，就體會到母親是個不折不扣的夢想家。不管環境多麼艱難，母親仍堅信唯有膽識與知識才能完成夢想，她曾說：「我想改變我的生活，我想要去看看外面的天地有多廣闊。」

小學三年級賣咖啡

命運在母親的身上畫出奇妙的軌跡，她出生於越南一個困苦的華僑家庭，為了生計，母親小學三年級就不得不站在街頭賣咖啡貼補家用。

母親自小幫家裡做生意，在街頭長大、看盡世態的她，養成獨立自主、強悍不服輸的個性。她對生意和數字十分敏銳，也非常懂得察言觀色。十四歲的母親是個獨立且早熟的女孩，童年清苦的生活讓她意識到，如果不做改變，她的人生只能在越南街上賣咖啡中消耗殆盡。於是她做出一個超乎年齡的大膽決定——獨自一人離開越南，去中國闖蕩。

在我三、四歲大時，母親抱著我去算命，算命先生鐵口直斷：「你們全家會在一九七九年去美國。」不知道是算命先生真有神通，還是潛意識裡

年幼時的黑白照片是極為珍貴的收藏與回憶。（左起 Kim、母親、姊姊和父親。）

「我不甘於現狀，我要飛出去看看外面的世界有多大。」母親的這句話激發了我對世界的好奇心，打開我對人生和夢想的各種想像。

不斷自我暗示，母親從此在腦中深植了一個美國夢，她堅信在冥冥之中，命運的推手總有一天會讓我們到達美國。

我不只一次問過母親，為什麼她能如此勇敢，毅然決然地離開熟悉的一切，到一個舉目無親的陌生環境生活？她說：「我不甘於現狀，我要飛出去看看外面的世界有多大。」這句話為我的人生帶來深遠的影響，激發了我對世界的好奇心，打開我對人生和夢想的各種想像。

在打工的空檔看書

由於缺乏受教育的機會，母親只能在打工的空檔看書。她相信知識能改變命運，這樣的信念讓母親嫁給了擁有大學學歷的父親。母親最喜歡把在書中看到的世界，形容給我們聽。她常說，她的夢想是探索這個世界的每個角落、飽覽廣闊藍天下的所有美景。年幼的我透過母親的描述認識世界，也埋下環遊世界的夢想，希望能透過我的雙眼，幫母親看盡全世界的精彩。

幾十年後回首往事，我才意識到，原來是母親那超乎尋常的膽識和堅強，帶領我們勇於改變、突破困境。潛移默化中，我繼承了她勇敢挑戰未知的毅力與決心。在為了生存苦苦掙扎的歲月裡，我們四姊妹都能明白，父母付出的艱辛努力，都是為了要替孩子掙一份更好的前程，我們是父母心中所有的期許和寄託。

上大學前的暑假，我到母親上班的餐廳打工。這段期間經常目睹母親為了

2013 年 1 月，母親（圖左）、我（圖中）和父親（圖右）在茶餐廳。童年有夢，要讓父母過好日子，這個夢想，現在終於實現了。

保住這份工作，低聲下氣地承受餐廳年輕經理的辱罵，心中百般不捨。母親的聽力因常年在嘈雜環境中工作而損害，儘管如此，數十年來母親不曾請過一天假，即使被病痛折磨也不肯休息。做女兒的我們看在眼裡，痛在心裡，立志要追求成功，不論在學業、工作和婚姻上都不讓父母失望。

母親堅忍不拔的個性深深的影響我們四姊妹，每個人在面對人生難題時總是全力以赴，絕不輕言放棄與屈服。幼時便看父母飽嚐艱困，每天睡前我都對自己發誓：長大後我要拒絕貧窮，要當百萬富翁，要讓父母過好日子。

成功筆記

膽識、知識和一顆勇敢挑戰未知的心，彷彿一雙隱形的翅膀，帶領我們飛越重重困境。母親為我做了最好的示範。

香港

即使往後我跑遍全球數十個國家。香港，仍是我人生旅途的座標中最特殊的一個印記。記憶深處，我在這裡度過快樂天真的童年。這裡是我人生旅途的起點。

三人行，我夫（圖左）、我子（圖中）和我（圖右）。2006 年我們在香港遊山玩水。我常利用工作空檔，享受生活的美好。

我出生於中國廣州，在四千金中排行第二。我六歲那年，母親做了一個改變全家命運的重大決定——移民香港。為了擺脫艱難的現實，讓孩子擁有自由的前途和更好的生活，父母決定勇敢挑戰未知的環境。所以我的童年是在香港度過，並就讀當地小學和中學，廣東話成為我的母語。

快轉的人生畫面

童年過得還算快樂，雖然當時我們的生活其實並不順遂。一家六口擠在狹小的公寓裡，儘管父親是那個時代少有的大學生，移民香港後也不得不為了生計屈就打工；母親因教育水準不高，只能在附近工廠攬一些活計貼補家用。

我每天放學後便帶著兩個妹妹幫忙母親，努力多做一些工廠攬回來的手工。剛讀完中學的大姊，也無法繼

家有四千金，爸媽生了四個女兒，後排中是大姊，圖右是我，圖左是大妹，前排中是二妹。拍照的那一年，我五歲。

1978 年，Kim 在香港小學的畢業典禮上與師長及同學合影留念（第二排右四）。

續讀日校，必須到灰暗的工廠當起工廠妹，幫家裡分擔生活壓力，成為「另類的灰姑娘」。

大姊是我的偶像和榜樣，個性聰明開朗，長得比電影明星還優雅漂亮。想到這樣出色的大姊只能待在擁擠的工廠領取微薄工資，年紀尚小的我除了為她心疼，同時也擔憂自己未來的人生是否也會像大姊一樣。

在協助家務之餘，聽收音機和看愛情小說是我的最愛。音樂和書本中形塑的美好，多少紓解了現實的苦悶。長大後，經過一番努力，現在的我擁有美滿的家庭生活，有一天看見兒子在 iPad 上跳過細節而將畫面迅速快轉，突然覺得自己一路走來的人生似乎也像一部快轉的影片，因為只顧著向前衝，經常忽略了許多藏在細節中的美好。

放緩腳步回望居住香港的那段懵懂歲月，其實也有許多值得細細品味的美好小事。

有志者事竟成

父母十分重視我們的教育及品格。儘管生活貧苦，還是竭盡所能，讓大姊進夜校進修，平時也不時叮嚀我們：「要心存善念，積德惜福。」我始終將這句話記在心上，並且身體力行，能力還小的時候就做小而能做的事，等能力變大，就做更多事，幫助更多人。回饋社會無輕重之別，貴在即時與有心。

十四歲那年，一個奇遇改變了全家的命運。父母親在回家的路上遇到一位神父，問他們：「你們希望去美國嗎？」母親立刻回答：「想啊，可是要怎麼才可以去呢？」在交談中神父發現母親是在越南出生的華僑，在七〇年代，逃

因為自己的童年過得很辛苦，所以我對小孩總是特別關愛。

難到香港的越南難民可以合法移民美國。這短暫的對話讓我們的人生大大轉彎，移民美國不再只是個遙不可及的夢想。

雖然在此之前，算命師已做了預示，但當時父親認為根本不可能發生，在無親無故、沒錢又沒人脈的情況下，如何能舉家移民美國呢？儘管如此，母親卻堅信不移，每天更加努力工作，做好準備以等待機會來敲門。

母親多年來的夢想居然在因緣際會下出現一線曙光，很多年以後，回想起來仍覺得宛如奇蹟。

成功筆記

母親的相信奇蹟與對生命的堅持，使我們不必一輩子當灰姑娘。這個「美夢成真」的故事，讓年幼的我了解，只要敢於夢想、堅持信念，夢想就在手邊，不在天邊。

美國

我們全家到達美國時，身上的錢不足一千美元，舉目無親，靠著一大塊冰凍牛肉，吃了一個月。美國夢，真是冰冷現實啊！

我在美國高中的畢業照。剛進美國中學時，我不會說英文，但在現實環境的砥礪下，一年便琅琅上口了。

仿如效法孟母三遷，繼移居香港，母親再度創造另一個奇蹟——移民美國。父母為了湊足全家六口人的赴美機票，不惜拉下面子向親友們東湊西借，下飛機後父親身上只剩不足一千美金。沒有工作、沒有住處、舉目無親，只有嗷嗷待哺的一家大小。

母親在茶樓賣點心

我印象非常深刻，父親用最後一點錢買了一大塊冰凍牛肉，說這是全家一個月的口糧。生存的壓力重壓在父母的肩上，英文一竅不通的父母，為了生計，不管什麼工作都願意做，再苦再累也扛著。

1980 年，在美國拍攝的第一張全家合照。

1983 年，我的大學畢業照，主修會計學。

二十年後，當我有了自己的孩子，不禁回想起當時的情景。我常想像父母當時的徬徨無助，即使辛苦奮鬥，仍無法擁有穩定的工作和收入。每天拖著疲憊的身體回到家，還要面對孩子們飢餓的眼神、房租和生活費的重擔。

父親後來找到一份貨運倉庫的藍領工作，母親則去廣東茶樓賣點心，這是英文一竅不通的他們能找到最好的工作，兩人早出晚歸、茹苦含辛地撐起這個六口之家。

對當時的我們而言，如何生活下去是每天都必須面對的殘酷現實，年幼的我無法理解父母在那樣艱困的狀態下，是抱著什麼心情面對生活和未來。

離開熟悉的香港前往美國展開新生活，對我來說非常困難。我和家人對美國一無所知，英文不通，和朋友們分離也讓我非常難過。我痛恨父母把我帶來這裡。整整一個月，我躲在被窩裡流淚，懷念香港，想要逃離這個陌生的環境。

一年之內英文流利

學校是最讓我挫折的地方。那個年代在美國出生的華裔以說中文為恥，當地的ABC小孩（在美國出生的中國小孩）每天嘲笑我們四姊妹的香港口音，更讓我憤怒的是，就連懂中文的小孩也裝作不會中文，聯合起來孤立我、笑我土。我們每天在學校受到這些委屈，只能回家對父母哭著要回香港。

父母當時唯一對我們說的就是：「不要管他們，有一天中文背景會讓你們感到驕傲。」時至今日我十分欽佩父母的遠見，當我的生意遍及全球八十幾個國家和地區，在亞洲地區更是蒸蒸日上時，才驚覺中文為我的事業帶來莫大的助力，我以身為中國人為傲。

剛進美國中學時我還不會講英文，每天都緊張到反胃，但因年紀小、學習

上：1988 年，大姊取得知名大學 MBA 學位，受聘於索尼集團。

下：2011 年，四姊妹早已事業有成，父母親也放下了肩上和心中的重擔。

能力強，我們四姊妹在純英語環境的砥礪下，一年內英文便琅琅上口了。

受到父母奮鬥不懈精神的影響，我們四姊妹後來都進入知名大學，並順利完成學業。大姊取得知名大學ＭＢＡ學位，受聘於索尼集團，並派回香港擔任高階主管；我和兩個妹妹都在畢業後進入世界五百大企業工作。父母堅忍不拔的性格，深深影響並鼓勵著我們：勇往直前、絕不退縮。

現在我能擁有自己的一片天，真的要感謝我的父母。每當遭遇創業的挫折及困難，我便會想起父母當年只帶著不到一千美金，前往異地展開新人生，那股勇往直前的冒險精神。

成功筆記

今日我的生意遍及全球八十幾個國家，在亞洲區更是蒸蒸日上，這才驚覺父母當年告訴我：「有一天中文會成為你的驕傲。」實為真知灼見。

膚色

黃皮膚曾經是我的生涯阻力。
但是路遙知馬力，經過長久努力和心境轉換，
華裔的血統反而成為我打下亞洲江山的助力。

身為亞裔又是女性的我，也曾經在職場上被所謂的「玻璃天花板效應」影響，因膚色問題而受到不平等待遇。

和大多數知名大學畢業生一樣，畢業後我選擇進入美國五百強企業，做為人生和夢想的起點。

當時，我以優異的成績和流利英文打敗眾多競爭者，成為 Northrop Grumman 這家著名國防航太公司的會計。一九九四年，Northrop 併購 Grumman，兩家公司都是航空領域的優良企業，我成為肩負重任的併購小組成員之一。

八年青春付諸流水

Northrop Grumman 合併後成為美國政府重要的承包商，專門製造飛機與軍用運輸設備，後來更成為世界排名第四大軍工生產廠商、全球最具規模雷達製造商及海軍船隻製造商。若當初跟隨著這家企業的腳步成長，我的人生可能與現在截然不同。

28 歲的我，在辦公室全心工作，壓力寫在臉上。

父母對這份如同金飯碗般的工作非常滿意，並以我為傲。雖然工作十分繁忙，我仍抱持著有朝一日能夠出人頭地的期望，每天加倍努力工作。

一眨眼八年過去了。遺憾的是，這家燃燒我八年青春的企業，並未將我帶到廣闊的藍天。眼看著較我資淺的同事一個個晉升，我才發現這就是所謂的「玻璃天花板效應」（Glass Ceiling Effect，指企業或組織限制某些人口群體，

在 Northrop Grumman 國防航太公司擔任會計時，與同事合影留念。

如女性或少數族裔上升到一定職位）。身為亞裔又是女性的我，因為這道看不見的枷鎖，無法向上成長。

這是我人生中第一次因膚色問題而受到不平等待遇。但歧視並非我能擺脫，我感到非常挫折卻又無能為力。

認清事實後，我把握機會跳槽到另一家以維他命為主要業務的泰森集團，老闆是中國人。秉持著「在其位、司其職」的精神，我在短短幾個月內，學會廣告、行銷及陳列商品等專業，不到一年的時間，便如願獲得晉升的機會，成為營運副總裁。

三番兩次受到歧視

我幾乎每天一睜開眼，就讓自己全心投入工作，幫助公司從少數幾家店面，擴展到全美上百間高級保健商店與超市等大型通路，讓名不見經傳的產品，搖身一變為搶手的高級品牌，交出

1997 年，我在泰森集團擔任業務副總裁，在工廠巡視。

不曾間斷的努力，讓我在 22 年前就
擁有自己的賓士車。

一張漂亮成績單。

不再受到玻璃天花板的限制，我發揮長才為公司盡心，未曾察覺即使老闆有心栽培，仍無法避免根深蒂固的種族歧視。公司除了我以外的員工都是白人，他們無法接受我擔任高位，時常故意挑戰我的能力，甚至向老闆搬弄是非。

最終，我還是被迫離開了這家公司。

之後膚色限制仍如影隨形，雖然肉眼看不見，卻無時無刻地感受到它的存在。進入新公司的第二年，我的業績即打破公司紀錄，達到全球第一。但我的上司卻想盡各種方法，想把我從這個公司踢開，僅僅因為他無法接受竟然有一個東方人能夠超越他。

一路走來，雖然三番兩次受到膚色的限制，但隨著年紀與歷練的增長，最初的挫敗感漸漸轉化為力量，我愈來愈明白自己在工作上的角色與定位，了解成就感源於自己，不必依賴別人的認同。

成功筆記

膚色只是外表的障礙，內心才是決勝的關鍵。做任何事只要傾聽內心的需求，就能心無旁騖，全心全意追尋想要的人生。

資遣

人生總有意外。我被公司無情資遣，
世界從彩色幻化為黑白。
資遣是我人生的功課，也是我生涯的轉折點。

人生總有許多變數，我們不會知道等在前面的是什麼樣的意外和挑戰，唯一能做的就是：帶著笑容、全力以赴。

那天，我如常地在八點鐘上班，準備面對充滿挑戰的一天。在全美知名企業擔任中階主管的我，嘔心瀝血、不辭辛勞的工作，且努力在上司與部屬之間取得良好平衡。因為表現亮眼，壓力雖大卻也甘之如飴。

哭不出來 默默流淚

當我把車停妥，才剛踏進辦公室，人事主任就走到面前，對我說：「妳被裁員了！」我心想又不是愚人節，幹嘛開這種玩笑。但對方一臉嚴肅，緊接著要求我立刻打包走人。

這個消息來得太過突然，我還沒來得及反應發生了什麼事，只能立刻轉身詢問老闆開除我的原因，我自認並未犯下什麼錯誤，為何要以此種毫不留情面的方式開除我。老闆只是隨意地敷衍我一下，縱然無法接受，裁員這件事已成定局，最後我只能帶著滿腹的委屈和不解，走出辦公室大門。

離開的那一刻，我的世界彷彿轉成黑白，眼前一片茫然。想到父母可能的失望眼神、車貸房貸的財務壓力，以及過往在這間公司的晨昏宿影、點點滴滴，我的心情跌入深深的谷底，連放聲大哭的力氣都沒有，只能靜靜地任由眼淚從眼眶傾瀉而出。個性好強的我，此時仍渴望能立刻回家投入母親的懷抱，訴說我的委屈，但自尊心讓我開不了口，更不想讓父母擔心。於是我假裝平靜，每天照常出門，到星巴克熬到下班時間。

父母安慰 心情紓解

剛被裁員的那幾天，我按以往的下班時間回到家，幫母親準備晚餐、擺設餐桌，佯裝什麼事情都沒發生。姊妹們陸續出嫁，只剩我陪伴父母身邊，因此即使在外面受到再多的挫折，我仍不希望讓父母為這些事情操心。

吃飯時，母親嗅到我身上的咖啡香，開玩笑問我是不是改行去咖啡店打工了，我輕鬆地向她笑了笑，內心卻比咖啡還苦澀。

父母親的肯定和鼓勵，總是能讓我緊繃的心情獲得紓解。

我就這樣瞞了父母一個星期，每天在咖啡店打發時間，何去何從？腦中一片空白。最後終於鼓起勇氣，告訴父母被裁員的事。出乎意料，他們並未顯露半點失望的眼神，反而給了我很多的安慰。並提醒我不要自怨自艾地否定自己，或是怨天尤人，應該好好整理情緒，打起精神開始認真找工作，重新出發。

父母的肯定和鼓勵，讓我緊繃的心情稍微紓解。放下心中大石，我灑脫地帶著僅剩家當，開始一場自我放逐的旅行。愛我的父母一如幼時，靜靜在一旁等著跌倒的女兒，自己再站起來。

成功筆記

跌倒，真的很痛，讓人忍不住放聲大哭。但人生不怕跌倒，就怕不知道為什麼跌倒而一錯再錯，或是失去再站起來的勇氣，而一蹶不振。

一萬美元的旅行

我到越南尋根，追尋母親的青春心情；
我在越南尋夢，療癒我的職場傷痛。
市場的鴨啼雞鳴，河畔的波光樹影。萬緣放下，只剩下我與天地。

眼前的人生道路雖然起了波瀾，但我堅信曾經踏出的每一步都會留下深刻足跡。

經過一段時間的沉澱，我選擇到夏威夷整理心情，慢慢接受被裁員的事實。正所謂「塞翁失馬，焉知非福」，我意識到自己是擁有自由意志的，不再只是公司的一顆棋子，可以自由安排時間、完全主導自己的未來，心情漸漸變得輕盈，也為自由感到喜悅。

孤注一擲去尋夢

自信心逐漸恢復的同時，父母試著幫我在中文報紙上過濾求職廣告，過程中他們深刻體認職場競爭的激烈，於是鼓勵我重返校園，取得碩士學位以增強競爭力。但我不假思索地拒絕了這個善意的提議。

我很清楚自己的個性外向、好動，對世界充滿無盡的好奇心。之前就曾取得公司提供的在職進修補助，回UCLA（加州大學洛杉磯分校）攻讀碩士課程，但好不容易念了一年便決定休學。鎮日

1993年，我在夏威夷看日出和雲海。
旅行讓我找到重新出發的動力。

上：我在夏威夷的考艾島登山尋夢。

下：我在峇里島酒店蓮花池走廊尋找心靈的平靜。

待在學校學習、埋首於課本的生活，對我來說並不具吸引力。

雖然和碩士學位無緣，但在攻讀UCLA碩士課程的「國際商業」時，我聽見教授在課堂上分享他遠赴越南等地做生意的經驗，世界的遼闊在教授口中生動呈現，也在我心中埋下新的夢想種子——我嚮往能成為擁有寬廣視野的國際商人，踏遍千山萬水。

上天為我關了一道門，開啟了另一扇窗。眼前的人生道路雖然起了波瀾，但我堅信曾經踏出的每一步都會留下深刻足跡。沒錢、沒收入的我，做了一個大膽與勇敢的決定，我將工作多年的一萬美元積蓄全部領出，啟程展開探索之旅，重新尋找生命的熱情和希望。

湄公河一把鮮花

就這樣，我帶著足夠支付四個月房貸及車貸的最後積蓄，展開一場不

1991年，我在越南西貢的菜市場，雞鳴鴨啼，小販的叫賣聲，漸漸平息我躁動的心。

知道會走向何方的尋夢之旅。

我選擇越南做為我的第一站。我的母親來自越南，使我自小就對越南充滿了想像與嚮往，這是血脈中隱隱探尋的根。我帶著一把鮮花坐船前往湄公河的河心，將花輕輕放在水面上，當白色花朵與河面接觸的一剎那，我彷彿聽見心跳的聲音與這塊土地的脈動同步。冥冥之中，似乎有個微妙的力量，牽引著我與越南的情緣。幾年以後我結了婚，先生就是越南裔。

我自小就對越南充滿了想像與嚮往，因此，我帶著一把鮮花坐船前往湄公河的河心，將花輕輕放在水面上，這是血脈中隱隱探詢的根。

旅途中我住在青年旅舍，與傳統市場相鄰，每天早上雞鳴鴨啼，以及小販的叫賣聲此起彼落，如一曲城市的低鳴，慢慢沉澱了我躁動的心。陌生的環境更能真實地感受自己，萬緣放下，整個世界就只有我與天地。

之後也造訪了我第二個故鄉香港，重溫孩提時的記憶，重新認識與親近人文土地，磨銳觀察力，也算是旅行的一種收穫。

這次的出走，歷時好幾個星期。隨意無牽掛的生活，讓我徹徹底底將自己放空。奇妙的是，結束了放空之旅，我竟然感到內心鼓脹著，彷彿隨時能隨風起舞，充滿了不可言喻的能量。這是我第一次感受到「歸零」的神奇力量。

成功筆記

先哲說：「世界是一本書，不旅行的人只讀了一頁！」現在就出發去旅行，去看看世界有多大，去重新尋找生命的熱情與希望。

第2章

夢想

我的夢想不停滾動，
讓愈來愈多的人心生感動，
我不再獨行，
我們在網路上推動革命，
高飛如老鷹，
徐馳似春風。

契機

一個陌生人，一場訓練課程，從此改變我的人生。
我從專業會計主管，變成網路營銷業的新兵。
多彩的人生，從此展開。

十八年前，一位素昧平生的陌生人點出我從未意識到的事實與弱點，也讓我用六九五美元，換得一個改變人生的機會。

旅行完回來的某一天，我照例開車到車廠進行保養，在和熟識的維修員閒聊間，忍不住提了自己被裁員的事。沒想到他一臉正經地告訴我，他有位客人應該可以幫我找到工作。

一聽到有新工作的機會，我立刻請他幫忙引薦，並戰戰兢兢地赴約面試，誰知到了約定地點一看，居然聚集了數百名面試者。我被這盛大的場面給震懾住了，心想應徵上的機率應該很低，整個人變得有些緊張。

十年辛勞一場空

只見有位自稱保羅的演講者，意氣風發地在台上演講，我因為還停留在面試的壓力中，沒聽進他在講些什麼。當他演說完畢，走近向我打招呼時，我沒能回過神來。保羅在簡單自我介紹後問我想不想用六九五美元，換得一個改變人生的機會。開口便要我投資，我十分不以為然，沒好氣地回答他：「如果有閒錢，我還會坐在這裡準備面試嗎？」

保羅笑了笑，問我：「Kim，妳工作幾年了？」

「十年。」

「妳辛苦工作了十年，現在卻掏不出六九五美元來改變妳的人生？」

這句話有如當頭棒喝。這位素昧平生的陌生人，竟然點出我從未意識到的事實：過去十年辛勞，而今一場空。

「妳現在的工作方式，是無效的，妳有十年的工作經驗，又受過良好教育，」他不待我開口，又補上一句「妳需要正確的工具，幫助妳取得財富自由。」

當時我有種被侵犯羞辱的感覺，遭人當面指出弱點，嚴重打擊我敏感脆弱的心。畢竟我才剛失去工作，沒有固定收入，前途茫茫，但又不得不暗自承認他說的話並不假。

一時轉念一生緣

保羅接著告訴我，若我有意轉換跑道嘗試做銷售，推薦我來面試的車廠員工願意幫我墊付初期投資金。因為不想欠人情，我在沒有現金的窘況下，衝動地以信用卡簽了這筆費用。

回家後，興奮地把加入網路營銷的事告訴大姊，沒想到大姊非常生氣，數落我衝動行事，明明具有會計的專業能力，又有豐富工作經歷，為什麼不去找個正常一點的工作，接著又引述許多她聽到的失敗案例，強調成功者寥若晨星。她用盡唇舌，勸我懸崖勒馬。

我的自尊心很強，大姊的一番話反而激起我不服輸的個性，即使只有少數人成功，何以認定我不會是其中之一呢？可惜這個信念只堅持了兩天，第三天還是屈服於大姊的勸解，打電話告訴保羅我要退出。

保羅沒有多說什麼，但希望我能先去參加一次的訓練課程，了解這個產業的生態及自己的人格特質之後，再做最後決定。我接受他的建議，抱著姑且一試的心情，去參加訓練課程。沒想到這真是我人生的轉折點。上天為我開啟光明燦爛的一扇窗，訓練課程超乎想像的扎實。受到啟發與鼓舞的我，一掃之前的空虛與茫然。讓我轉念決定留下，人生從此改變。

成功筆記

人生在世，有時不妨一試。上天的機緣有時悄悄到來。多變的時代，要有寬闊的心境和從容的態度。

孤島

家是一個人溫暖的避風港，
然而當我踏入新領域，勇敢追夢，家人並未全力支持我，
讓我覺得孤立無援，彷彿置身於海上孤島。

剛開始因為家人反對，我在工作場合可以滔滔不絕，在家裡卻變得沉默寡言，簡直判若兩人。

我剛從事網路營銷，總是滿腔熱血地希望跟朋友分享這個機會，但因為大家未真正認識這個產業，當時我處處碰壁，遭遇許多挫折。

有些朋友開玩笑地說：「Kim，我們很喜歡妳，不過請不要跟我談論妳現在的專業，否則我們可能連朋友都做不成了。」還有一些過去的工作夥伴甚至在背後議論 Kim 肯定是瘋了，否則一個知名百大企業的高階主管，怎麼會跑去搞什麼網路營銷呢？面對這些冷言冷語，我只是一笑置之。

夢想的動力

既然下定決心，就已經做好可能會吃閉門羹的心理準備，我不會因為旁人的耳語而畏縮不前。但最讓我難過的是來自家人的阻撓，輪番的勸說與失望的眼神，一度讓我的情緒逼近臨界點。

當時我未婚，與父母同住，因為一心投入網路營銷，拒絕父母要我另找工作的建議。前兩年，父母一看到我，便開始嘮叨為什麼我如此執迷不悟，在他們眼中，我像失心瘋般，陷入漫無邊際的自我想像中。見我屢勸不聽，父母的憂慮日益加深，開始交代姊妹們輪流勸我乖乖上班。

我與姊妹們在成長過程中，始終維持一種良性競爭，大家暗自較勁誰會第一個賺到年薪十萬美元。在一九八〇年代，十萬美元如同現今台灣的千萬年薪，象徵跨越一項成就的門檻。之前我在泰森集團公司擔任營運副總裁，年薪大約八萬多美元，大姊的年薪更高，接近十萬美元。

擁有企管碩士學位、個性開朗又不斷挑戰自我的大姊，一直是我心目中的標竿、學習和超越的對象，因此加倍渴望得到她的支持與鼓勵，她的不認同讓我既受傷又受打擊。然而四面八方湧現的反對聲浪，沒有澆熄我的網路營銷熱情，心中的鬥志反而愈燃愈烈。

不放棄做自己

美國在九〇年代，解除電信公司的經營管制，不再由 AT&T 一家獨大，這代表許多新興的小型公司有機會進入電信市場，與 AT&T 一較長短。我首家投入的營銷公司就是一間新興電信企業，工作內容是負責說服客戶攜碼轉入，公司設定的第一個目標是成功找到十位用戶。

雖然無法說服家人站在我這邊，我心想至少他們會願意將電話號碼轉到我服務的公司。豈料即便我說破嘴，竟無一人答應更換。大家似乎聯手抵制，想讓我早日知難而退。明白了這一點，我不再尋求家人協助，轉而加強銷售技巧，開發其他客源。

另外，每當有朋友來家裡，我也會被事先「提醒」，千萬不能提起我的工作或向他們展開遊說，我的回答是雖然不會主動告知，但若是有人問起，我還是會詳細說明。既然是份堂堂正正的職業，有什麼好難啟齒的呢？

因為家人的態度，我在家裡變得沉默寡言，與工作場合的滔滔不絕，簡直判若兩人。與家人的疏離，不能說完全沒有動搖我的信念，但經由內在省思，我最終不願意放棄做自己，我的未來由我自己決定。

成功筆記

我獨排眾議、擇善固執，即使最愛的家人不支持，仍不放棄做自己。我以行動向大家證明我的選擇是正確的。

人生伴侶

若問我此生最聰明的決定是什麼？
答案是找到對的結婚對象。
不管我的事業多麼亮麗，他一路無私的支持與相伴，勝過一切。

因網路營銷而與先生相識，他一路無私的支持與相伴，讓我的生命變得完整且豐富。

投身網路營銷，我不僅在工作上得到許多人的幫助，更收到上天送來的一份大禮——我的人生伴侶。

我的先生是位醫生，因為一位病人的說服而加入網路營銷，但只單純做為使用者，並未投入經營。經由這位病人的牽線，我們相識並開始交往。同樣擁有越南血統的他，後來不僅成為我的人生伴侶，更在我開創事業時不遺餘力的協助我。我的生命因為他變得完整豐富。

他是謙謙君子

談戀愛期間，他因為擔任社區組織的會長，時常主辦各種慈善或社會服務活動，很活躍也很忙碌。但不管有多忙，他總會抽空提早到會場幫我布置場地，全心接受及協助我的工作，其他日常生活上的照顧及關愛就更不用說了，是位體貼入微的紳士。

婚後，我先在他的診所幫忙。之後因緣際會，我又再度投入網路營銷事業。此時，先生不但給我精神上的鼓勵，當我忙於團

有了先生（左）的支持鼓勵，以及對小孩（右）的照顧，我才能在開創事業第二春的路上展翅高飛。

夫妻心靈契合、彼此扶持，才是
成功的真正關鍵。

隊訓練或演講時，他主動分擔家事及照顧孩子的責任，使我能夠從容自在地投入工作，在兩年內寫下個人收入達三百萬美元的紀錄，可說是達到了事業的高峰。在勇往前衝的同時，我始終沒有忘記，我除了是商場鬥士，同時也是賢妻和良母。眼看著孩子已經要上小學了，考量家庭與事業的平衡後，我決定暫時將辛苦經營的事業放在一邊。我找到適當的繼任者，全心全意照顧家人，回歸家庭生活。

新創事業推手

一年半後，我原先經營的公司研究出一種新的生技產品，打算成立新公司、建立新品牌，另闢江山，而我正是他們心中的最佳主將人選。這是個讓人心動的機會，公司總裁慎重的態度讓我認真考慮這份工作，於是我借重先生的醫學背景，請他為我評估這個以幹細胞為核心的生技新產品具備哪些優勢。

經過專業判斷，先生鼓勵我接下這份

我不僅在工作上得到許多人的幫助，更找到自己的人生伴侶。

開疆闢土的重任。他告訴我，先不提網路營銷可以幫助許多人改善財務狀況，光是著眼於產品本身確實有助於全世界人類獲得比財富更重要的健康，就值得真心推廣。

原本放棄之前的事業，就是為了回家專心做好主婦與媽媽的角色，沒想到先生反而回過頭來鼓勵我重回事業。我很感激他的體貼，心中卻仍掛念著家務

先生是位體貼入微的紳士，跟他結婚是我此生最聰明的決定。

與孩子的成長。我一旦開始投入，勢必要花費許多心血在工作上，為拓展市場也必須成為空中飛人奔波於各個國家，不在家的時間變長又變多了。

先生聽了我的顧慮和擔憂，拍拍我的肩膀對我說：「Kim，盡情展翅高飛吧。我會代替妳好好照顧家庭。」在開創事業第二春上，他扮演了關鍵性的角色。

二〇〇九年九月九日，我懷著先生關懷人群的愛和體貼妻子的情，再次投身網路營銷。這一次非比尋常，它是我從無到有一手建立的團隊，蘊含著我對成功的渴望及野心。

成功筆記

大家總說成功男人背後有一個偉大的女人，我認為更大的意義是夫妻心靈契合、彼此扶持。夫妻同心，其利斷金。

難忘的貴人

借助貴人的經驗與力量，可以較快走出困境或是更上一層樓，但要博得貴人賞識或提攜，關鍵仍在自身的努力。

一路走來，除了自己的努力之外，更有不少貴人相助，對於他們，我由衷感謝。

人生除了自身的努力奮鬥，機緣也是成功的重要因素。我也有幾位貴人，他們或苦心挽留、或無心插柳，沒有他們的幫助，我很難達到現在的成就。

第一位貴人，是以前曾在其他網路營銷公司身居領導位階的海曼先生。

今生伯樂

在二〇〇五年，我當時經營的公司管理制度不健全，為了不讓團隊的努力白費而萌生退意。海曼先生得知後，力勸我繼續留在此行，不要輕言退出。他認為我當初不顧眾人反對而投身此行，苦心經營一段時間，現在好不容易做得有聲有色，擁有很多優秀夥伴，不應該就這麼放棄了。

除口頭勸說，海曼先生開始付諸行動，具體介紹了幾家營銷公司給我，提供我更多選擇的標的。我對其中一家公司的環保產品很感興趣。這個具有省油優點的產品，在油價居高不下的美國，擁有很好的利基。加上當時營銷業罕見這種特殊概念的環保商品，我十分看好它的市場性，唯一缺點是味道過重，聞起來像樟腦丸。

海曼先生知道我向來對推廣的產品品質要求很高，所以又主動在市場上幫忙尋找是否有氣味偏淡的類似產品。他了解只要遇到好產品，就有機會說服我留在此行繼續衝刺。熱心的他上天下海的翻找，最後終於發現一家生產可有效減緩全球暖化衝擊的環保產品、體制也健全的公司。

雙方接觸後，我做足功課，百分之百地投入新公司。在短短兩年內，將原本只有二千位經銷商規模的產品，行銷到全球兩百二十四個地區，打破整個網路營銷的紀錄，直到目前為止仍無人能超越。能夠締造這麼好的成績，真的要歸功於海曼先生的用心留人。若我是千里馬，他就是我今生的伯樂。

無心插柳

第二位貴人，是以另一種面貌出現的。她並不直接讓你感受到幫助，卻是促成某些機緣的關鍵人物。我的朋友艾麗絲小姐，無心插柳地把我從單純的家庭生活中，拉回網路營銷戰場。

結婚後我開始幫先生打理診所，才發現醫生其實是門辛苦的行業，外表看來光鮮，其實是校長兼撞鐘，不只要醫治病患身體並關懷他們的心理，還要顧及經營管理等事務。原本我還能幫先生分擔少許勞務，後來因為懷孕，為避免

曾因為懷孕離開網路營銷事業，卻因朋友無心插柳，把我從單純的家庭生活重新拉回戰場。

舟車勞頓和顧及胎兒安全，只得改留在家中做一些會計工作。

雖然已打定主意要專心照顧家庭，習慣忙碌的我整天坐在家裡，還是非常不適應。契機發生在某個平凡的日子，之前積欠我五萬美元的艾麗絲小姐來找我，要我加入她的網路營銷團隊，她提議，若我加入，就把五萬美元借款還清。

投資八百九十五美元就能換回五萬美元的欠款，何樂不為？我抱著純粹把錢拿回來的心態加入，沒想到馬上被之前的夥伴們發現。他們以為我又重披戰袍，每天都有人打電話來要求一定要成為我的「戰友」。

即使再三解釋我無意經營，還是不斷被追問。就這樣半推半就的，我又開始做起營銷事業，一年內團隊便已遍及十三個國家與區域。在迎接事業佳績的同時，我的孩子也於此時報到出生，雙喜臨門。

成功筆記

人生低迴處須得高人指點迷津，才能另闢山水。對於今生的貴人，我充滿感激。我也提醒自己不忘多幫助、提攜他人，盼能成為別人生命中的貴人。

正直的代價

人與人之間的互信，需要長時間的累積。
一旦累積成功，商業利益和生涯志業隨之而來。
信任是人際關係最重要的一環。

正直品格創造的價值，真實反映在我屢次改寫紀錄的業績上，以及生活中實質的物質回饋。

人生的珍寶，有一種最容易被忽略，卻是價值最高的，那就是「正直的品格」。

就以曾經遭遇的一場股票上市騙局為例。一九九〇年代末，美國科技網路業正火熱，許多人都在蓬勃的股市中分到一杯羹。我當時經營公司的老闆，也想在業績達到頂點時趁勝追擊，申請股票上市。聽聞此事，公司上下一片歡欣鼓舞，大家滿心期待可從中大賺一筆。

寧可正而不足

也許是多年的工作經驗與會計專業練，我嗅到一股不尋常的味道，於是請教了從事股票承銷的朋友。朋友在仔細研究公司的財報後，警告我這個上市的舉動，很可能是一場騙局。

果真事有蹊蹺，我心中的不安與恐懼開始擴大。因為有一些工作夥伴，為了要領取位階獎金，將自己的退休金全數買進公司的股票選擇權。

當我在開創新的營銷事業時，即研究獎金制度，規劃出健全的作戰策略，讓大家知道自己的努力可以獲得多少報酬，何時可以實現目標。

萬一公司出現問題，股票變成壁紙，這些人畢生的收入將化為烏有。我一定要設法阻止才行。

經幾考慮，最後我直接去找老闆，要求他在期限內提出公司股票上市的證據。沒想到，老闆滿不在乎地對我說：「Kim，聽好，妳要做的是閉上嘴巴，乖乖坐在家等著支票送上門。」

當時我的月收入最高可達八萬美元，少時也有四、五萬，論誰也不願意放棄這種高所得吧，老闆就是認定我即使識破真相，肯定不會和錢過不去，所以才顯得有恃無恐，哪曉得我毫不遲疑就決定退出這間公司。

這樁上市案後來被檢調單位查出涉及詐騙，證實我當初的直覺是對的。慶幸正直不貪的個性，讓我躲過一場災難。

贏在品格

正直品格創造的價值，也真真實實反映在我屢次改寫紀錄的業績上。我曾締下華人經銷商第一名的成績，晉升至區域副總裁（RVP, Regional Vice President）的最高位階。

能夠有這樣的好成績，正直扮演了關鍵性角色。我不會因個人利益而推廣品質不良的產品，或是以不當手段侵占他人利潤，為人處世正直實在。所以不論是產品使用者，或是共事的經銷商，都願意相信我、支持我，跟我一起打拚。

我自己也曾遇到制度設計不健全或管理不當的營銷公司，導致旗下的經銷商，再怎麼殫精竭慮，也無法取得該有的利潤，有時甚至還會透支。這樣的公司某種程度來說也是算不正直。

有鑑於此，當我在開創新的營銷事業，帶領團隊繞著地球為全新產品開拓市場時，即研究獎金制度，規劃出健全的作戰策略，讓每位參與者清楚知道自己的努力可以獲得多少報酬，何時可以實現自己夢想的目標。正直是邁向成功的墊腳石。

成功筆記

出身平凡的我，沒有傲人的背景或優越的先天條件，卻能在不斷地自我砥礪和商場競爭中，開創一條康莊大道，正直始終是最重要的因素。

革命情感

一輩子只要有一個具革命情感的朋友，已經很幸福，而我有好幾位。

我們一起分享夢想，戰勝困難，勇敢圓夢，

那是一種無法言喻的美好感覺。

能夠擁有具革命情感的朋友，是一件很幸福的事。

在一個好的網路營銷團隊裡，有一種共同奮鬥、創造更好生活的革命情感，這種情感讓眾人在努力達成自己的目標後，也願意幫助其他人達成目標，共同實踐夢想。正面情緒互相激勵、彼此扶持，成為一種前進的動力。

並肩作戰

這種情感，未參與網路營銷的人很難理解。我和我的夥伴如同手足，他們是我的戰友，更似親人般緊密。我們同心協力攜手創業，打下一片江山。

我從大學畢業出社會到二〇〇九年，生活水準已經達到當初預設的目標，擁有幸福的家庭、漂亮的房子，為什麼我還要重披戰袍，自行創業，重回網路營銷的戰場呢？

就是因為一輩子無法忘懷的革命情感，外加一份使命感和成就感。

使命感和成就感是支持眾人留在網路營銷發展的主因，若只是為了錢，榮景勢必無

夥伴就像我的親友，我們同心協力攜手創業，打下一片江山，這是一輩子無法忘懷的革命情感。

法長久。開創這份事業，對外，是基於工作夥伴對我的支持，我帶著大家的信任一起成就夢想；對內，我心中那個不服輸的小女孩一直存在，我想挑戰自己的極限，就像一位已經得到奧運金牌的選手，渴望持續打破自己的紀錄，跑得更快，跳得更高。

也因此，我對生命中的挑戰充滿熱情，因為在克服挑戰的過程中，我總能獲得成長的力量與人生的體會，像是學到新的經驗或教訓、對人事物有了新的體悟，以及對未來產生不同的期許等等。

另一個吸引我持續留在此行的原因是天賦。

大部分的人都擁有一份工作，但只有少數幸運兒，能找到與自己的天賦相得益彰、發揮所長、獲得肯定的工作。

天賦發光

上天賜予我的禮物是，能讓別人聆聽我說的話，並且說服對方。簡單來說，就是對人的影響力。

我的天賦讓許多人願意在經由我的解說後，購買一項全然陌生、無知名度的產品，並且成為會員。正因為別人如此地相信我，我也以高度責任感做為回饋，不負眾人的期望。我將網路營銷當成一項事業在經營，全心全意投入，甚至願意在公司遇到艱難問題時，自掏腰包以便讓產品順利抵達會員手中。

因為找對舞台，目前我的網路營銷業總收入，估計在全球前五名之列，公司幾位重要經銷商，收入達到全球前十強。相較於其他排名前十強的成功人士，花了二十年才站上這個榮耀的巔峰，我只花了三年的時間。

網路營銷這個平台，給了我財務自由、時間自由，以及心靈自由。並能透過一次次的挑戰，探索自我和內心世界，獲得高度的自我成長。與各式各樣的人接觸，觀察人性的各個面向，也讓我的心靈更加成熟，了解生命其實就是一個不斷地重複體驗、學習和成長的循環。掌握了這個循環，就能獲得質變的契機，引導你我走向更好的人生。

成功筆記

刀要石磨，人要事磨。維持成長的最好方法，就是把上天賜予的每個挑戰視為磨刀石，磨利自己的能力和心性。

再創驚奇

山不在高，有仙則名；水不在深，有龍則靈。
創業需要創意和團隊。我很幸運，兩者都兼備。
所有的夢想在三年內逐步實現。

我的事業起飛從台灣、香港、印尼開始。創業和做人一樣，永遠要知道自己的根在哪裡。

二〇〇九年九月九日，創業作戰計畫會議就在我家的廚房召開。主角是我最親密的五個戰友。雖然我們沒有任何資源與後援，但在當晚，一個全球團隊就此成形。

從零開始

雖然我對自己的影響力很有信心，但是創業並不是靠浪漫的幻想就能成功。開拓新市場，一開始並不如想像中順利，主要是受到許多同業的攻擊、阻撓和嘲笑。之後，我們不再從以前的公司招募人員，轉而尋找新的事業夥伴。

至於海外市場，先借重我在台灣、香港及印尼的友人，從這三個地方開始建立據點。在推廣產品的初期，我每隔三個星期就親自前往亞洲多個國家，進行一週

二〇〇九年九月九日，創業作戰計畫會議就在我家的廚房召開。主角是我最親密的五個戰友。

在創意和團隊兼備的狀況下，幸運的
我，得以在三年內逐步實現夢想。

七天的商務活動。

看準營銷和網路結合的優勢，將刺激這個產業急速發展，我們提早做好布局。鑑於過去的經驗，我們並不一味貪快的要在全球遍地開花，而是策略性鎖定幾個國家或區域，扎穩根基後，再開拓另一個新市場，以確保物流、資訊流、金流與商流都能完全到位。如此一來，在真正起飛時，才能飛得又快又穩。

這樣的策略果然奏效，創業一年後，據點已遍及四十個國家，兩年後更擴增一倍，達到八十個國家。而我的收入，也由過去的平均週薪三萬美元，翻漲為兩倍。

緊接著，我們公司又在短短三年內，打破美國ＤＳＡ協會的紀錄，成為全球最年輕、最快進入百強榮譽榜的公司，並以黑馬之姿躋身全球第八十強的網路營銷公司。

兑現夢想

我先生原本有兩份工作，除了在自家診所開業，也擔任醫院裡主管職。創業之初，我向他承諾會全力以赴，讓他提早退休，有更多時間陪伴孩子。他雖然相當支持我再度投入網路營銷的決定，但聽完後我這番話後，僅淡淡一笑，不置可否。也許是認為立定的志向過於高大，不易實現吧。

結果，我竟然只花了七個月的時間，就帥氣地告訴他：「老公，你可以準備退休了。」

能創造這樣的好成績，要歸功於業務團隊與公司行政部門的高度配合與相互支援，為全球使用者與經銷商提供完善的服務。公司團隊目前還在持續成長中，幫助無數的夢想走在進行式的路上。

只可惜還是有部分人士習慣以負面的印象來看待網路營銷，所以我常打趣地說，自己就像電腦工程師，負責刪除一些人腦中的病毒、新增好用軟體，再把過時的系統升級。人們既想要改變收入和生活，卻又緊抱舊思維或不合時代的想法不放，平白錯失扭轉生活、開啟新契機的機會。

創業不到三年的時間，我不僅完成年輕時成為國際商人及給予父母最好照顧的夢想，最棒的是有更大的力量去幫助別人。

人的一生，最重要的是找到自己的使命。無論是當上班族、創業經商，或從事任何一個活動，一旦找到使命感，有了明確方向，就會滋生源源不絕的前進動力，不管有多少障礙橫亙眼前，都會設法一一克服。

成功筆記

我的事業起飛從台灣、香港、印尼開始，這是我的根。創業和做人一樣，永遠要知道自己的根在哪裡。所有的策略，從根開始。

李偉行（Robin Lee）
經歷：美商婕斯環球集團大中華區總經理

王者之風

Kim經常使用簡潔的思維，處理複雜的事物，往往能得到最好的成效。
她是天生領導者，有著與生俱來的王者風範！

Kim之所以成為許多人心目中的傳奇，關鍵在於她擁有一顆不凡的心。

每一個認識Kim的人，都想要模仿、複製她的成功。雖然她的個人特質很難複製，但她的成功經驗卻很容易模仿。

化繁為簡的智慧

這位十四歲移民美國、二十歲立志要成為百萬富翁的領導者，從小就是目標導向，鞭策自己的力量很強；大家都知道她是醫生娘，其實不需要辛苦賺錢，可是她連續兩次開創成功的事業王國，這種毅力非常人所及。

kim經常使用簡潔的思維，處理複雜的事物，往往能得到最好的成效。最明顯的例子就是她如何成功地開發了韓、台、陸、港、泰、馬、印以及越南等國際市場。

她的做法是先了解每一個國家對這個行業的看法，尊重各方意見，同時將文化差異的因素考慮進去，給予當地領導者中肯的意見，同時不忘從旁協助調整，因應不同的國家採取不同思維。kim就這樣成功地開發一個又一個的市場。

kim的領導統御特質，是顯而易見的。雖然領導者的任務之一是開發有潛力的下屬，但kim如果遇到態度對的人，且真心誠意想要完成夢想，她就會用全力帶領他們衝破障礙，達成目標。

不做作的真性情

Kim是個相當重情義的領導人，她懂得感恩，但卻不感情用事。

每次在台上分享，Kim都為夥伴的付出及努力感動落淚，讓我們感受到Kim的真心。有一次在澳門的大會，她除了用真誠的言語表達謝意，還費心準備了五十份的禮品，送給她全球團隊領導人，因為在她眼中，成績與榮耀是靠團隊力量創造出來的，她不做作的真性情，由此可見一般。Kim第一年的收入，有二分之一都拿來投資下屬領導者的活動，小到餐飲花費、租賃辦公室支出，大到開發國際市場的機票住宿費，她都不吝付出，從不向公司伸手要一毛錢；因為她知道，這是自己的事業，當然要由自己投資自己的未來。

雖然Kim是個傳奇，但凡是人就難免會有情緒。她遇到喜歡找藉口和抱怨但卻屢勸不聽的夥伴，或者工作上不順遂、面臨了壓力和辛酸的高階主管，有時也會傷心或生氣。不過，她絕不讓負面情緒影響工作或判斷，會立刻收拾心情繼續前進。堅毅的自制力，正是她成功的關鍵之一。

王智立（Eric Wang）

經歷：廣州日報駐上海辦事處主任

工作與生活的平衡

Kim有一種讓人一見如故的特質。跟她聊天，有如隔壁鄰居般親切大方，令我好奇與意外。

我在擔任廣州日報駐上海辦事處主任期間，就曾聽聞Kim是一位極具魅力的網路營銷領導人，很值得見上一面。透過他的引薦，我在一次前往洛杉磯參加年會時，見到傳說中的Kim。

鋒芒內斂

我們約在洛杉磯街邊一個小小的咖啡店，兩人從時事聊到生活，愉快的度過兩、三個小時的時光。Kim有如隔壁鄰居般親切大方，令我有些好奇與意外，因為印象中成功人士都是頗具距離感，Kim卻讓人一見如故。

Kim談了很多未來願景，讓我相當佩服，當下已經認定她是一位可以合作與跟隨的領袖，激起我投入的念頭。在親自參加年會、目睹盛況後，她與團隊間彼此信賴和熱情的互動，讓我毅然決定加入Kim的團隊。

記得有一回，我跟著Kim去東南亞開創市場，短短一個星期的近距離接觸，更增加了我對她的欽佩。

以前總覺得自己算是已經相當投入工作，但Kim的熱情與堅持卻完全超出我的想像。這次的行程我們沒有任何耽擱，一到飯店放下行李就前往第一個行程，接著馬上舉行招商會及說明會，到晚上消夜時間都還在培訓新幹部，一路忙到半夜兩點。

凌晨四點半，我們又得起床，搭飛機趕往下一個國家。這種情況一般人會覺得沒必要花大錢住高級飯店，但Kim卻認為正因為只有兩小時的睡眠時間，更應該完全確保休息品質。

從這些小細節，就能看出 Kim 的不凡與用心之處。她絕對不會因為工作的忙碌，就影響對生活品質的要求，她在工作與生活這天平的兩端，取得了很好的平衡。

格局不凡

更讓我感到訝異的是，Kim 甚至主動提出替我們負擔所有食宿的建議。我來跟她學習，她不但不收我學費，竟然還要負擔我的食宿費用。她說，因為我們願意花時間撥空觀摩招商，以謙卑虛心的態度學習，證明了全心投入的意願，她理當以相同的投入相待，大方的氣度令人折服，也再次印證她的確是位行事有大格局的領導者。

從飯店前往機場的一小時車程，大家都掌握時間好好休息，只見 Kim 一人仍聚精會神的進行下一個城市的工作安排。上了飛機後，她又在兩個小時飛行途中，繼續討論市場切入的策略和方針，並分享她帶領團隊的方法。她對事業的專注、思考模式與高度，讓跟隨她學習的人都能夠快速成長。一般來說，普世常以金錢為標竿定義成功。對Kim來說，她已獲得財務的自由卻仍熱情擁抱工作，且不遺餘力的支援慈善事業，令人強烈地感受，與其說她追求的是財富，不如說是精神的滿足與心靈的成長反而更貼切。

Kim對於事業定位的高度掌握，以及對工作的專注，相信她無論做哪一行，都一定會成為頂尖領袖。

鄧學誠（Haris Tang）

經歷：電腦工程師

老鷹

在 Kim 身上，我看到創業家該有的「老鷹」特質：視野高遠、眼光獨到、準確掌握目標、快速切入。

我與 Kim 共事這麼多年，她的工作效率在我認識的人中無人能敵，一旦瞄準目標，就會不顧一切地勇往直前，使命必達。

多年前她為我上了人生最寶貴的一堂課，促使我做出正確選擇，且讓這個選擇變成最好、最有意義。

分享

認識 Kim 時，我是一名電腦維修工程師，也兼做網路營銷，但沒有一個在這個行業很成功的朋友。我們是在一場婚宴上認識的，在互動中，談到她在網路營銷上擁有相當豐富的經驗，又曾在香港住過六、七年的時間，在語言溝通上沒有障礙，於是積極向她請教這個產業的成功法則。

雖然初次見面，她對我的問題卻是有問必答，絲毫沒有保留。由於她的無私分享與高度熱忱，讓我忍不住一問再問，甚至喜宴已經結束仍舊意猶未盡，冒昧請教是否能夠到她下榻的飯店大廳繼續未完的話題。

她不假思索就答應了，甚至特意回房間拿了許多資料下來給我參考。我與她素昧平生，又是資歷尚淺的菜鳥，以她這樣一位年薪超過百萬美元的成功人士，大可不必如此費心待我。但她顯然不這麼認為，慷慨地將累積的寶貴經驗傾囊相授，直到隔天凌晨一點多。事後得知原來她已經兩夜沒有好好睡覺過，在來香港參加婚宴之前，她還從美國先飛到日本工作了一天。極度需要睡眠的她，願意犧牲休息時間為我解惑，足見她的熱心與無私，只要願意學習，她就願意將自己的經驗大方分享。

不吝付出

Kim回美國以後，我們一直保持聯繫，直到二〇〇九年的夏天，她跟我說有個很好的產品和機會，問我願不願意加入她的團隊共同成就一個新事業。我擔任十多年的電腦工程師，另兼了一份工作，卻始終沒賺到什麼錢，職涯發展並不如預期，且狀況似乎愈來愈差，因此當Kim與我分享這個機會的時候，我沒有考慮太多就決定加入。

Kim十分用心與體貼，儘管工作異常忙碌，要處理的事情很多，她仍然會留意到周遭需要照顧的人。每一次團隊裡只要增加新成員，她一定會問清楚背景、加入緣由及後續的發展狀況，更經常主動問我有無需要她協助之處。就在幾個月前，她來到香港，見到團隊裡有一位六十歲的新夥伴，個頭嬌小，打扮樸素，非常積極地參與說明會。我告訴她，雖然這位夥伴目前還看不出什麼成績，但是非常有潛力，我希望在過年時，邀請她與團隊的領袖們一起吃飯。

沒想到Kim突然問我，這位夥伴的財務狀況如何，因為Kim一眼就看出她的經濟狀況似乎不是那麼好，與我商量要不要趁過年時包個紅包幫助她。對於每一個付出，Kim都會替對方著想，細心顧慮接受者的感受與情緒。Kim教我用對的方法開展事業，還有不吝付出去幫助他人的精神，讓我受用不盡。

第
3
章

飛翔

團隊和組織和煦似秋陽，
商機如金風飛揚，
從大西洋
到太平洋，
我們成為破曉的光芒，
引領全球市場。

起風的季節

這是速度經濟的年代。
我們在三年之內攻占八十個國家，
這是趨勢，是眼光，更是將士用命的結果。

現在不需要出門，透過網路就能
輕鬆搞定食衣住行生活大小事。

當我將代表成功攻占市場的旗幟插在第八十個國家，我及工作夥伴們感動得紅了眼眶。白板上不到十公分、插滿旗幟的區塊，其實是大家用超凡的努力締造的驚人成果。

當然，抓住潮流脈動，結合人際網絡及龐大網際網路優勢，也是我們能脫穎而出的關鍵因素。

觀大局 搶商機

科技的進步一日千里，人類的生活型態隨之迅速改變。這其中，一九九〇之後掀起的網路熱潮及電

我們在三年之內，將代表成功攻占市場的旗幟插在第八十個國家，這是趨勢，是眼光，更是將士用命的結果。

機會是留給準備好的人，當天時地利人和之時，好好把握就有希望振翅高飛，改變一生。

子商務交易，打破時間與空間的藩籬，讓銷售方式更為自由多元，大舉顛覆了傳統的商業交易模式。

新興產業憑藉網路扶搖直上，市場上出現了許多以往想像不到的新產品和新服務。例如目前最火紅的智慧型手機，在二十年前的手提電話年代，誰能想像手機也能用來上網買東西、訂票、查地圖，無所不包？

以前大家說「秀才不出門能知天下事」，現在你我不出門，透過網路就能輕鬆搞定食衣住行生活大小事。

幾乎所有產業都受到網路科技影響而起了重大變化，網路營銷也不例外的將進入一個質變時代，不能再以傳統的心態與眼界看待，否則隨時都可能在新一波變革中遭到淘汰。反之，早別人一步看到商機，動得比別人快，順勢而為，成功的路有千百條。

物流順 財務穩

瞄準電子商務平台的優勢，以及全球吹起的養生保健風，我與五人工作小組，於二〇〇九年九月九日啟動創業夢想。短短三年，產品已經行銷八十多個國家，並且在其中十四個國家設立了辦公據點。

透過電子商務平台，在物流方面，我們可以順暢處理全球商品配送，金流上的最大好處則是快速將利潤回歸經銷商。當然還有資訊取得容易及訂貨方便等交易優勢。這些優勢讓新創事業快速擴張、運轉，造就如今的全球規模。

時機非常重要。

如果同樣的商業模式早五年或十年推出，我相信我不會像現在這麼成功，因為當時的市場並不成熟，配套措施尚未發展完成，大

帶著手機跑天下。全球流動性業務，
走到哪裡，生意做到哪裡。

家還沒準備好接受這種新的交易模式，儘管許多企業前仆後繼，但成功者少，因為燒掉太多錢而不支倒地者眾。

如今人人生活在網路世界中，蓬勃的商機造就成功者的溫床，把握機會就可能改變一生。古人把「天時、地利、人和」視為成功的三要素，當時間和地點對了，加上消費者習慣改變，自然帶動銷路大幅成長。

人們不斷地尋求突破，嚮往更美好的生活。正如電影由黑白走向彩色，現在又進入３Ｄ立體時代。所有的事物都與時俱進，我們的思維也該時時更新，若不能日新又新，跟上時代的潮流，等驚覺時才發現大好時機都已錯過。

成功筆記

機會是留給準備好的人。我從一九九〇年就準備創業，二〇〇二年啼聲初試，二〇〇九年振翅高飛，終於嚐到甜美的果實。

父親的庭園

事業有成之後，我為父親蓋了一個庭園，
父親在庭園裡種冬瓜、四季豆和扁豆等，一年四季都有綠意。
父親的庭園就是我的心園。

父親和我感情非常好，也是我奮鬥的動力。

父母總是希望孩子走最安全平穩的道路。許多人遵循父母的期許去學醫、念博士或讀法律，而非追求自己心中的熱情與夢想。雖然生活無虞，但心中總是感到空虛，幾十年來不停地追悔，因為當初沒有堅持自己的夢想。

一幢高級洋房

我從小就非常孝順父母，但開創網路營銷事業，一開始周遭親友無人贊成，反對聲浪不斷。但我知道這是我的人生，我不想留下任何遺憾，一生庸庸碌碌。我決意要遵循自己的意志完成夢想，於是鼓起勇氣告訴父母：「我很愛你們，也很尊敬你們，但是也請你們尊重我的決定。」

我在美國加州的別墅，藍天綠地。

家裡的庭園讓我放鬆心情。

開拓網路營銷事業，創業之路雖遭遇波折，但現在的成就證明，當初獨排眾議、盡其在我，不但讓自己活得有意義，更扭轉了父母與姊妹們的偏見，之前他們覺得我瘋了，現在他們為我感到驕傲。

約十年前，我將賺到的錢陸續存下來，除了致力改善家庭的生活品質，也在二〇一一年送給父母一幢高級洋房，實現從小到大回饋父母的夢想。

父親的綠手指

我仔細打理這幢房子，不假手外人。父親早年是農業大學畢業的，鍾情於園藝生活，因此我在庭院特別設計了一塊園藝區，讓早年因為生活奔波而無緣養花蒔草的父親，可以重拾樂趣、怡情冶性。望見父母站在庭院前，臉上流露出的驚喜表情，我心中的成就和滿足至今難忘。

雖然父母兩人口頭叨唸著搬家很麻煩，卻藏不住興奮和雀躍。實際搬入生活後，經常開心地談論園中栽植的花木蔬果，有機會

庭院的園藝區讓早年無緣養花蒔草的父親，可以重拾樂趣、怡情冶性。

也會驕傲地帶著好友參觀女兒買給他們的新家，分享女兒的成功故事。

父親並不忘展示他拿手培育的冬瓜、四季豆和扁豆等。在工作上奮鬥了二十餘年，終於能轉為對父母的實質回報，真是我人生中最幸福而無憾的事。

原本以為我只是愛作夢的三妹，目睹了這一切，受到很大的震撼，寫了一封信給我，表達遲來的認同與抱歉，我細讀信上每一個字，連標點符號都捨不得略過。止不住的

冬瓜是農業大學畢業的父親的拿手培育之一。

淚水伴隨湧上的情緒，久久不能自已。

任何事情都是有得有失。我曾因為開拓網路營銷事業遭遇前所未有的人際挫折，失去學生時代的一些朋友、戀人，甚至家人也一度對我感到失望。承襲母親不服輸個性的我，將人際上的挫敗與內心的掙扎痛苦，轉化為奮力向前的動力，要向全世界證明我可以做到。

每多一分挫折，我的信心與鬥志就更旺盛一分；極盡燃燒的力度，讓我的夢想得以發光、發熱，照亮自己的路，也溫暖周遭的人。

成功筆記

當初堅持信念，最後達成目標，讓最親及最愛的家人由反對轉而以我為傲，先前所受的委屈都轉為喜悅。

有心就有路

創業之路就是顛簸之路，市場的多變，人心的起伏，在在都是考驗。唯有堅忍不拔，才能守得雲開見月明。

有心就有路！只要熱切渴望達成目標，並抱持堅定意念，就能釋放強大能量，幫助自己找到方法。

深夜，我正在香港機場等候轉機。凝望低垂的夜幕，腦海中突然映畫出當年那個十歲小女孩跪在床前、向上天許願長大後要賺很多錢讓家人過好日子的認真模樣。

那是我夢想的起點，二十多年後，因為一個意外工作的造訪，我終於在二〇〇二年賺進百萬美元，圓了我的童年大夢。

態度決定高度

如今我步入中年，依然有夢。二〇〇九年我再度投入網路營銷事業，短短三年多的時間，就達到千萬美元的收入目標，人生如願。不論是當初轉換職涯的決定，或是後來的創業歷程，都一再驗證俗諺說的：「天下無難事，只怕有心人」。

一如十多年前投身網路營銷，這

在香港機場等候轉機時，腦中突然映畫出十歲那年許願長大後要讓家人過好日子的認真模樣，那是我夢想的起點。

有人初次接觸網路營銷，便看見它的價值，卯足勁地衝刺業績，在短時間內大幅改善了自己的生活。

次的創業也受到許多質疑的眼光，認為我不可能成功再起。

創業的過程的確比想像繁雜艱辛，即使事前經過縝密規劃，也再三進行沙盤演練，然而實際運作時，預期外的問題仍接踵而至，像是網站建置不夠完備、產品包裝及行銷宣傳必須更精緻、臨床試驗報告應該提前製作等等。每個問題都考驗著團隊成員的意志與決心。

「當你將目光鎖定在目標上，自然看不見眼前的阻礙。」我用這樣的態度勉勵自己與工作夥伴，將挑戰與克服困難當成邁向成功的必修課，緊咬牙根逐一排除障礙，加上策略運用得宜，很快就穩住陣腳，並攻城略地。

事實證明，有志者事竟成，只要熱切渴望達成目標，並抱持堅定意念，就能釋放強大能量，幫助自己找到方法實現目標。

渴望讓你興旺

在向前探索的路途中，我碰到不少拿家庭與經濟當擋箭牌，對於嘗試新事物裹足不前，或是拒絕突破現狀的案例。若能適時引導，協助找出動機，通常能激發對方荒廢多時的行動力。我的工作夥伴 Yvonne 就是最好的例子。

我找了機會與她詳談，向她分析，網路營銷確實如她想像的可以賺到比正職更多的錢，但前提是「要怎麼收，先怎麼栽」，亮麗業績是心血耕耘的成果，

上：家庭和嘗試新事物應該是讓自己勇於突破現狀的行動力。

下：成功的創業家都不是靠自己，而是靠組織，用策略。

若抱持守株待兔的心態，最後只會落得全盤皆空。建議她若有心留在此行發展，務必做好時間管理，切莫再為自己找藉口。

我的話，Yvonne 聽進去了。她開始排除萬難，盡可能挪出時間，出席說明會，並抓緊空檔拓展業務，業績當然蒸蒸日上。我的第三個妹妹及一些同樣需要照顧年幼孩子的媽媽們，受到 Yvonne 成功的激勵，紛紛奮勇向前。

另一個不因財務窘困而輕易放棄改變機會的是泰國朋友奇諾瓦。有的人會說：「我真的很喜歡這個事業，但是沒錢加入。」但是奇諾瓦不一樣。

當他初次接觸網路營銷，便看見它的價值，即使當時已經積欠六個月的房租，仍冒著可能無屋可住的風險，向親友借一千美元加入創業團隊，卯足勁地衝刺業績。三個月後，他不僅還清負債，還大幅改善了自己的生活。

成功筆記

成功的創業家都不是靠自己，而是靠組織，用策略。一人英雄或一卒將軍，通常只有短暫的勝利，最後輸掉整個市場。

超級巨星

我挽起禮服，緩步走向舞台中央。
今晚我不是平凡的家庭主婦，我是眾人矚注的超級巨星。

從後台走到舞台中央，看似只有幾步之遙，卻是跨越現實與夢想的鴻溝，需要有登月摘星般永不退縮的勇氣。

二〇一二年九月九日，香港會議展覽中心聚集了來自全球不同國家的五千多名會員，現場人聲鼎沸，我身著晚禮服，獨自站在巨大舞台後方屏息以待。

儘管早已無數次站在台上與夥伴們分享工作經驗，但今晚的登場對我來說意義非凡。為了這一刻，我和我的團隊奮鬥了整整三年。

幾步之遙 摘星之願

當主持人喊出我的名字，台下響起如雷的歡呼與掌聲。我緩緩走向聚集數十支白色光束的舞台中心，面對台下熱情的人海，努力揮動雙手，不斷向支持與鼓勵我的夥伴們致意。從後台走到舞台中央，看似只有幾步之遙，卻是跨越了現實與夢想，來到人生的另一個境界。這需要有登月摘星般永不退縮的勇氣，才能成為今晚的超級巨星！

十數年前因緣際會跨入網路營銷的世界，透過這個平台，我認識了各行各業的朋友，加上勇

我用堅定的信念在人生畫布上彩繪美麗圖畫，如果我能做到，那麼我深信每個人都能做得到。

往直前的工作熱忱，幫助我迭創佳績、賺得豐厚報酬。創業後因為開拓市場，有機會繞著地球走訪許多國家，學習到不同文化與知識，視野變得更開闊，也體驗人生的豐富與美好。

我用堅定的信念在人生畫布上彩繪美麗圖畫，如果我能做到，那麼我深信每個人都可以透過同樣的平台，打造出專屬於自己的獨一無二的舞台。

在第五屆香港婕斯大學活動現場，每一位在台上賣力演出的夥伴，都是極為耀眼的明日之星。

家庭主婦 創業奇蹟

二〇〇九年九月九日，是我事業的轉捩點，我接觸到一家充分利用網路、生命科學及生物技術優勢、掌握財富重分配關鍵契機的企業。面對這樣的前景和機會，我決定從家庭主婦和母親的角色抽身而出，再一次挑戰自我。

一千多個日子的辛苦打拚，我與工作團隊在國際市場攻城略地，成為全球首席經銷商，從一開始的五人團隊發展成超越二十萬人的龐大組織，物流版圖快速擴展到八十餘個國家，躋身全球百大網路營銷企業之列。誰能想像，光速般成長的背後推手，竟是一位看似平凡的家庭主婦。

網路營銷平台，提供我運用科技的神奇力量緊扣全球經濟脈動，獲得遠超乎以往的成就。這當中除了我的努力，親友及工作夥伴的鼎力相助，才是成就這份榮耀的最大功臣。既然如此，就不該由我獨享榮耀，於是我更積極的投身慈善與公益活動，希望幫助他人也能活出生命的光與熱。奇妙的是，我感覺自己付出愈多，反饋回來的能量與智慧就愈多，然後有更多機會與能力為這個世界帶來一點點正面的力量，形成一種正向的循環。

每個人心裡都藏著一個超級巨星夢，只要做足準備與抱持一顆開放的心，就能在人生舞台上一償宿願。

成功筆記

發財，或許可以靠運氣；但成功，絕對是長久累積的結果。尤其是創業成功，一定要靠實力。若無實力，對手很快就超越你。市場是殘酷的。

國際領袖

我不斷思考，該如何創造更好的環境，
幫助每一位工作夥伴夢想成真，塑造屬於他們的成功故事。

好的領導者是將軍，是先知，是良師，更是部屬的摯友。

經常有人問我：「Kim，妳成功的祕訣是什麼？」也許樂觀積極、勇於挑戰、良好社交能力、追求卓越等人格特質，幫助我更快在事業上取得一些成就，但真要論有什麼祕方，事實上並沒有所謂的「祕方」。當你用熱情投入你所喜愛的事物，自然就能找到成功之路。

一起築夢

有人說網路營銷是提供夢想的事業，其實夢想的種子早就存在每個人心中，只是有人因忙於生計而放棄夢想、有人因活在別人的眼光和期待中，不知不覺禁錮了自己的潛能、忽略了內心真正的渴望，使得夢想無法開花結果。

我也曾為符合社會期待而塵封自己孩提時代的夢想，但加入網路營銷後燃起的強烈成功欲望，讓我的夢想再次起飛。所以我堅信，只要願意付出，每個人都可以在這個平台上打造自己想要的人生。

成功沒有所謂的祕方，當你用熱情投入你所喜愛的事物，自然就能找到成功之路。

有一年，我在峇里島度假，遇見一位來自中國的哲學家。這位哲學家其實是位醫生，每年會花兩個月的時間到世界各地旅行。閒談中他對我說了一句意義深遠的話：「生命的長度由天注定，但人生的寬度操之在我。」這不正是我追求的人生價值嗎？擺脫世俗的框架，在生命的每個階段活出最棒的自己。

就像現在，扮演好領導者的角色，就是當

任何一間網路營銷公司，無論產品多厲害、後端支援系統多完備，擁有堅強作戰實力的第一線團隊才是核心。

下最重要的任務。

身先士卒

儘管創立的事業極速擴展，業務遍及全球，但任何一間網路營銷公司，無論產品多厲害、後端支援系統多完備，擁有堅強作戰實力的第一線團隊才是核心。如果加入者無法用創業家的精神相待，全力以赴，個人及公司都難以茁壯成長。所以帶人便成為領導者很大的議題與考驗。

在我眼中，網路營銷是一個可以創造數百萬美元財富的事業，我以實際的成績證明了這一點。但做為領導者，我要做的不是一個人高高在上，或遙遙領先其他人，而是整合協調，集結眾人之力完成任務，達成目標。

也因為這樣，我需要在多重角色間做轉換。有時，我是為大家抽絲剝繭找出問題的福爾摩斯、有時是解惑的諄諄良師、有時是聆聽並安撫團員受挫情緒的心理醫生，有時又是運籌帷幄、開創新局

擺脱世俗的框架，在生命的每個階段活出最棒的自己。就像現在，扮演好領導者的角色，就是當下最重要的任務。

的開路先鋒……。如此這般用心耕耘，才能贏得市場及不同國家團隊的信任與尊重。

我曾在四天內到五個國家出差，每天排滿大小會議與活動。有一天在中國大陸深圳，處理完公務已經是凌晨兩點鐘。為了保有活力應付明天的行程，決定跟團員們一起去ＳＰＡ按摩，稍事休息。

沒想到這天的按摩院愈夜愈熱鬧，台灣與香港的夥伴們不約而同也來按摩，香港團隊看到我非常興奮，熱切追問上次在香港舉辦的活動有沒有需要改進的地方。不久又遇到來自中國的團隊，希望能與我簡單交換一下心得，聊完往窗外一看，天已微亮。雖然很累，但我真的很享受和夥伴一起奮鬥的過程。

成功筆記

老子說：「上善若水。」好的領導者要像水一樣，具有多樣性，是將軍，是先知，是良師，更是部屬的摯友。

蔣奇叡（Jason Chiang）
經歷：高雄市餐飲工會執行長
勞委會職訓局南訓中心老師

永遠比別人快一步

觀察力、判斷力加上行動力，使Kim永遠比別人早一步到位，展現宏觀又大器的領袖特質。

我跟Kim的革命情感難以用言語形容。Kim是我的推薦人，但我們卻是一年後才真正見到面。當時雖對這位傳奇領袖心有嚮往，但我決定做出一番成績後再去見她。這個等待沒有太久，一年之後，我所帶領的台灣團隊，以傲人的業績拿下全球第一的寶座。

「人」字兩撇道理深

即使做到全球第一，在踏實謙虛的 Kim 面前，我才發現「人」字雖然只有簡單兩撇，但人性課題卻絕對不簡單。

一開始，我推薦的人選最後僅剩約五分之一願意加入，後來經過 Kim 的指導，才明白致勝關鍵在於找對人選。若想大幅提升找人的精準度與成功推廣的機率，必須積極培養看人與識人的能力。

Kim 常說：「選擇比努力更重要。」從事網路營銷，必須具備良好的判斷力，選擇對的公司、產品、夥伴，才能得到好的結果。這個能力是團隊領導人的必修學分，選擇對的夥伴，比什麼都重要。

Kim 兼具老鷹冷靜睿智的觀察力、精準判斷力，以及豹那迅雷不及掩耳的行動力，永遠比別人快一步到位。這樣的行事風格，是非常值得學習的典範。

成功愈早回饋多

在還沒真正認識 Kim 以前，我對 Kim 的了解非常片面，經由公司提供的照片和介紹，只知道她是位漂亮的醫生娘。見面後才真正體會，Kim 最大的魅力在於她謙虛、誠懇且積極向上的人格特質。

她曾經窮到身上僅剩二十美元，只能在加油或吃飯兩個選項中掙扎；也曾從接到大訂單的喜悅雲端上跌落，在回家途中接到抽單的電話。這些挫折真實存在於她的生命故事中，沉澱後成為現在這個不凡的她。

即使 kim 早已不需要為錢工作，但她仍不時拉著行李箱遊走全世界，積極開發國際市場，只為圓一個回饋社會的夢想。

她不只有超越一般人的前瞻眼光，更能將想法落實為一套高效率的具體做法。她認為，唯有縮短取得成功的時間，才能爭取更多時間回饋社會。而要達到這樣的層次，需要起心動念，從改變現狀著手。她經常用這個開放性的問題引人深思：「你願不願意在一個新的平台上給自己一個機會？」她深知這個事業是個可以改變人生的大好機會；如果有人不願意，她也不會強人所難，因為因緣自主，是對方放棄人生的成功可能。

我曾和 kim 一起跑過五天四國的行程，一下飛機馬上開會，連吃飯時間也不浪費，餐桌上仍繼續討論，馬不停蹄一直忙到深夜一點，kim 催促大家去睡覺，想不到才睡一個小時，半夜兩點又集合出發前往第二個國家。

本來以為牙一咬，熬過去，後面就會輕鬆，想不到天天都是如此。大家暗自叫苦，可是看到Kim神采飛揚，帶著我們逐一完成預定目標，讓同樣身為領導人的我們，對她身體力行的敬業精神，感到百分之百的敬重和佩服。

趙海（Keven Zhao）
經歷：香港高匯投資有限公司董事長

成功是必然非偶然

Kim是一個積極且正面的實踐家。所有問題到她手上，都化為充滿希望的機緣，波折之後必有喜悅。

Kim似乎天生具備激勵他人的能力，身上總是散發正面能量，帶動周遭的人點燃實現夢想的信心與鬥志。許多人因為相信「Kim能做到的，我們也能做到。」而在網路營銷中釋放潛能，迎向煥然一新的人生。

散發正面能量

領導人應該具備的基本條件，Kim一樣都不缺，而無時無刻的付出與投入，更使她顯得與眾不同。Kim從來不以遠端遙控的方式指揮團隊成員，永遠親自跑在第一線，帶領大家開拓新市場。

她的積極與樂觀，讓我們相信所有的問題，最後一定都能迎刃而解。透過她的鼓勵與經驗，我們不只一次迅速跨越市場上的問題和挑戰。見到工作夥伴因為業績陷入瓶頸而悶悶不樂，Kim會說些鼓勵的話，再耐心與對方找出問題癥結，討論出達成目標的改善方法。

深具領袖魅力的她，像個大家長般，不只關心各個市場領導人的成長，也關心大家的生活，不吝提供指導與支持，積極引領全球優秀人才共創卓越。至於她自己，業績超標已是家常便飯，但從未因此得意忘形，也沒半點驕傲之心，只是更加謙卑地感謝身旁一起作戰的夥伴。

總是站在前線

雖然定居美國，但為了開創全球市場，她成為空中飛人，搭飛機像搭計程車，穿梭於各個需要她的城市。Kim的格局很大，對市場的經營策略有明確且長遠的視野，區域無論大小，她都會親自飛過去支援。

此外，為了增長我們的見聞，她經常出錢帶著大家去各國考察，希望我們也能獲得成功。這份渴望幫助別人的心，讓大家相當感動與佩服。

Kim同時也是一位溝通協調的高手。每當公司方與一線作戰的我們，針對某些議題無法達成共識時，只要Kim出面協調，一定會稱職扮演橋樑的角色，順利消弭兩方的歧異。

身為全球團隊最高領導人，Kim的血統和成長背景使她東西文化並蓄，既有著東方人認真做事的幹勁，又有對事業永遠懷抱激情與夢想的西方思維。最難能可貴的是她在有了成就後，將回饋社會做為一生的志業。用一句話來形容Kim，我認為，「她的成功，是一種必然，而非偶然。」

第4章

創業家特質

人生就像蘋果，
有來日可期的青蘋果，
有芳華正茂的紅蘋果，
也有去日苦多的澀蘋果。
青蘋果如何修成正果？
紅蘋果如何擴大戰果？
這需要前輩的帶領，
更需要日日夜夜的修持習作。

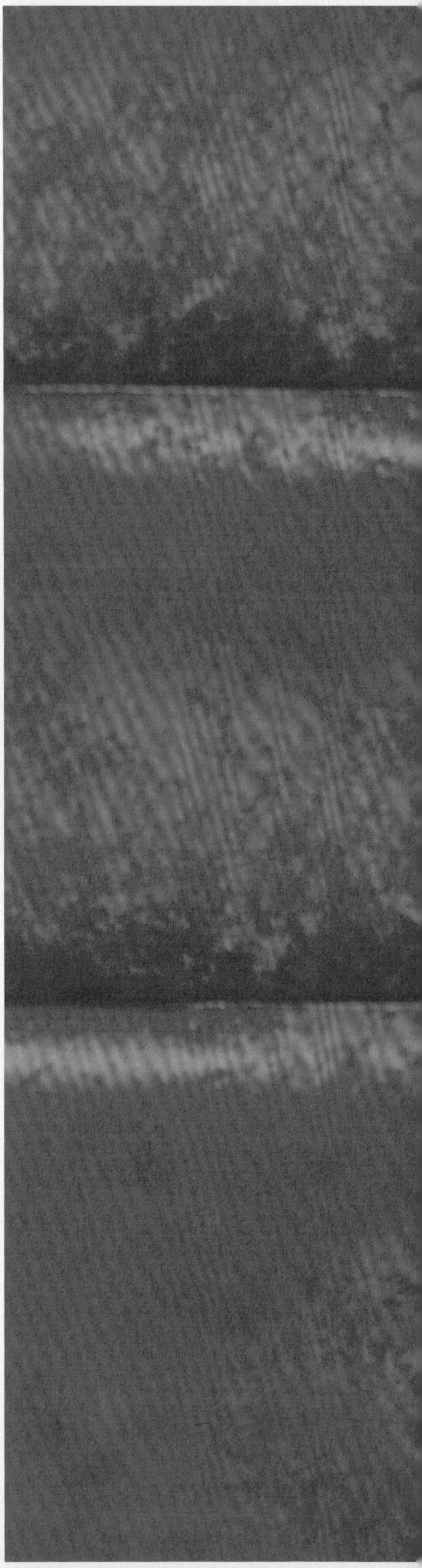

創業家的特質

性格決定命運。創業家都通常具備一定的人格特質。有些人是天賦異稟，有些則是後天培養。嚴格來講，創業不是方法，而是性格。

一個強烈想要成功的人，會將這份熾熱的欲望轉化為實際行動，緊握每一個機會。

綜合我在網路營銷二十多年的經驗及觀察，我發現成功具有一定的模式，成功的方法雖千百種，但成功的人卻極其相似。擁有以下七種特質的人往往是潛力績優股，具備通往成功之路的敲門磚。

強烈成功欲

「心想事成」並不只是空談，一個強烈想要成功的人，會將這份熾熱的欲望轉化為實際行動，緊握每一個機會。舉例來說，很多人雖然加入網路營銷，但因為本身的經濟狀況不錯，且欠缺實現自我價值的動力，所以總是三天打魚兩天曬網，覺得沒必要汲汲營營的去開拓客源。這種消極的態度會阻擋成功的到來，少了成功欲望做為肥料，當然結不出甜美的果實。

相形之下，我美國的好友Lisa就是個值得佩服與學習的典範。家境優渥的她有著強烈的自我實踐欲望，她不願依賴

想要通往成功之路，除了明確的目標之外，更要有驅動自己全力發展的決心與毅力。

家族事業，想靠自己的力量成功，然後去幫助需要幫助的人。這個明確的目標，驅動她傾全力發展事業，現在不但累積了財富，也一圓公益行善的夢想。

正向思考

正向思考的人生態度，會把困難當挑戰、挫折當磨練，並憑藉信念從低潮中重新振作。在待人接物方面，也因為能敞開胸懷，接納不同的意見與想法，更能跳脫思維上的框架。

正面樂觀也是吸引力法則的一種，散發的能量令旁人感到愉悅且為之嚮往，不自覺的跟著向上提升，形成良性循環。至於一些雖嘴裡嚷嚷著要成功，但態度消極，且抱持負面思考的人，與成功的距離只會愈來愈遠。

主動學習

任何企業在徵人時，學習意願高、學習力強的人，一定比較受到青睞。因

正面樂觀也是吸引力法則的一種，例如「真誠的笑容」，總能為自己和旁人帶來愉悅積極的能量。

為懂得虛心受教，隨時把自己當成空杯子，讓新知源源注入，舊的思維溢出淘汰，是累積專業與自信的必要態度。被動學習，容易學到死的知識，反觀主動學習與探究所汲取的，才是可隨時運用於解決工作或生活問題的活知識。尤其處在知識與資訊全球化並快速流動的今日，在具備高度競爭力的創業者身上，經常可以看到自主學習的良好習慣。

影響力

有些人在自己的社交圈很有影響力，例如聯誼社或專業人員組織等，自然也會比一般人擁有更多的人脈資源。就以 Jenny Prasetio 女士為例，身為婦女會的一員，在開發客源方面的確多了一個管道，但重點在於她懂得深耕這份優勢，將影響力如漣漪般一層層向外擴展，而非滿足現狀、停止前進。

不過，這並不是說沒有什麼社交生活、眼前不具影響力的人就沒有成功的機會。只要動機夠強大，願意突破限制，跨出家門與人群接觸、耐心開發及累積人脈，一樣可以找到客源。

具備資源

這裡的資源指的是第一筆投資經費。釣魚必須先準備釣竿，總要有所投入才能期望後續的回收。但為貧窮及生活壓力所苦的人，要舉債創業，相對擁有較大阻力。所以對於缺乏資金的人而言，能慧眼看見機會的「價值」而非「價格」，這是非常重要的能力。

要怎麼收穫先那麼栽，利潤不會憑空出現，除金錢外，時間與心力也是成功的必要投資。擁有資源的人等同先起跑，但成功會被許多因素影響，即使先起跑也要具備足夠的耐力和毅力才能領先眾人，到達終點。

值得信任

人與人之間最重要的資產是信任，在以人為主的產業裡尤其如此，當信任基礎瓦解，好不容易建立的客戶關係也將跟著歸零。誠信與專業建立起的公信力，會像磁鐵般把周遭的人吸引過來，打造堅不可摧的合作關係。而要評估一個人是否值得信賴，可細心觀察其周遭的同事、友人及潛在客戶是否願意「因為你做，我也加入。」至於他人的評語也可列入參考，做好事可建立口碑，壞事更能傳遍千里。可不可靠，要看別人怎麼說，而不是自己說了算。

品格端正

我曾經打電話給幾個熟識的朋友，只簡單聊了一下我目前的工作，對方就毫不遲疑的答應成為我的夥伴，並將信用卡資料交給我，購買數百美元的產品。為什麼他們會這麼相信我呢？答案很簡單，因為我的言行舉止為我形塑了「正直」的形象，而且一路走來，始終如一。

正因為朋友們了解我行事表裡一致，做事但憑良心，並深知我一定是在經過審慎評估後才會投入這項事業，所以願意義無反顧的加入，和我一起打拚。端正的品格不只可以像這樣博得他人的安心與信任。更重要的是，它也像一把保護傘，能夠為自己避開事業與人生的諸多危機。

我深信擁有以上七項特質的人，無論身處哪一個產業，都能嶄露頭角，脫穎而出。

成功筆記

路遙知馬力，日久見人心。創業人格特質的顯現需要時間，愈沈愈香。真正的贏家，通常是在中場之後才出線。

3F 化解拒絕的心法

育才，永遠是創業家最大的功課。
要做蜂后，孕育萬千後代；勿做工蜂，榮耀止於一身。

認真聆聽對方拒絕的理由，才有機會在適當時機提出你的看法和對策，解除他的心防。

招募人才，建立團隊的過程中，被拒絕是家常便飯。初入此行，我也曾是「常敗軍」，但隨著經驗的累積，摸索出一套化解拒絕的心法，我稱它是「3F心法」，就是感同身受（Feel）、相同經歷（Felt），以及發現體會（Found）。

3F心法的核心理念在於，以同理心體察對方的情緒和想法，並站在他人的角度思考和處理問題。

換位思考

歸納起來，不願加入網路營銷的常見理由包括，沒錢、沒時間、對銷售產品不感興趣或不在行、不想做朋友的生意等。不管是哪一種，若能依循3F的步驟予以應對，可大幅提高成功率。

就以沒錢這個理由為例，因為我有切身之痛，所以不會一味認定是推託之詞而反駁：「不會啦，又沒多少錢，你一定拿得出來。」這麼做只會引起對方的反感，因為你根本沒有把他的理由聽進去，無法理解他的苦衷。

請記住，千萬別急著要成交，欲速則不達。先認真聆聽對方的理由，在適當時機提出你的看法和

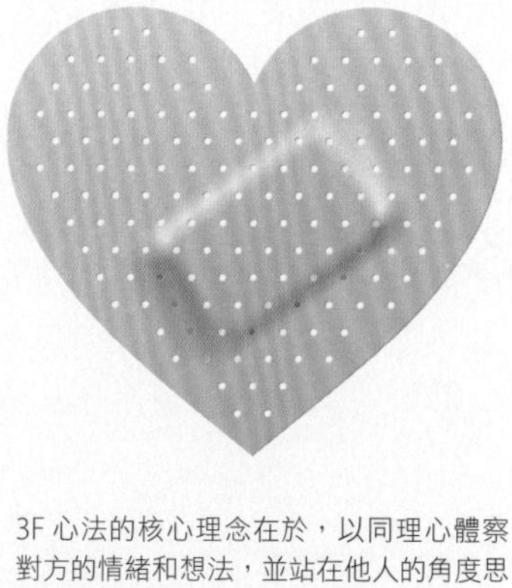

3F心法的核心理念在於，以同理心體察對方的情緒和想法，並站在他人的角度思考和處理問題，實際去理解他的苦衷。

對策，例如：「我完全能體會你的感受。一開始朋友找我經營這個事業，我也和你一樣無力支付，但仔細一想，辛苦打拚十年竟還陷入這般窘境，我告訴自己，我應該要改變了。」一般人受到認同與尊重，比較容易接納他人的意見。

至於對銷售產品沒興趣，可以這麼回應對方：「我完全了解，我自己及一些工作夥伴，有的是會計、有的是記者、有的是電腦工程師，來自各行各業，大家一開始也對銷售心存抗拒，但加入後發現，我們是在分享而非銷售。分享優秀產品，也分享一個創業的機會。你可以跟我一起去聽聽這些人的故事。」如果對方還是拒絕，就不要再緊追不放，可以客氣而禮貌的告訴對方，如果有任何需要，歡迎隨時聯絡，欲擒故縱。切忌為對方製造太大壓力，只要能保持適度的友好關係，未來還有成交的可能。

建立通路

每個加入團隊的成員，都是在經營自己的事業，打造

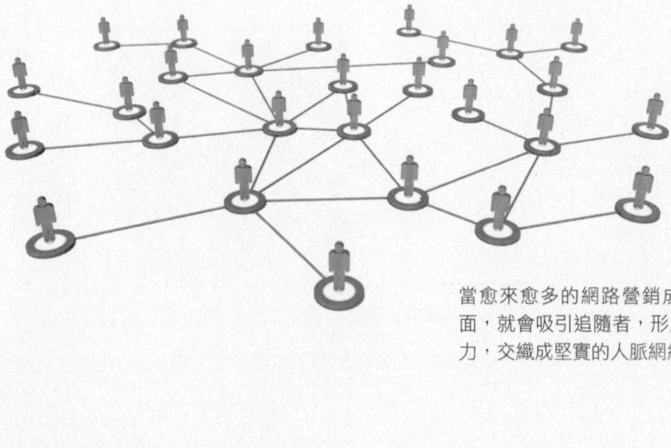

當愈來愈多的網路營銷成功案例浮上檯面，就會吸引追隨者，形成團隊，同心協力，交織成堅實的人脈網絡。

經銷網絡。我從不帶產著產品登門銷售，因為我不是在做零售生意，而是建立通路。如果只是單純零售，只要一天停止銷售，收入也就跟著停止。

從生物學角度，若有兩隻蜜蜂嗡嗡叫，將吸引更多的蜜蜂群聚，形成一個蜂窩。剖開蜂窩，會有源源不絕的蜂蜜飛出。相同的道理，當愈來愈多網路營銷成功案例浮上檯面，就會吸引追隨者，形成團隊，同心協力，交織成堅實的人脈網絡，成為最大宗又最忠實的產品愛用者，這才是網路營銷的獲利方式。

若將網路營銷的公司想像成連鎖便利商店的總公司，我受總公司的邀約開分店，並取得授權再找他人開店，總公司會提供所有營運模式及工具，幫助大家開店運作，業績良好就可以分享利潤。而我要做的就是挑選有創業衝勁的人來擔任店長。

成功筆記

站在對方的立場來溝通，是招兵買馬的不二法門。唯有先變成對方，才有可能說服對方，感動對方。

創業的十二堂必修課

成功都有心法。
心法需要堅持，一分一秒，一寸一步，慢慢來，
但是要真的做，做才有效。

創業之前，也要修習一些必要的基本功課，成功不是靠期待，而是要做足準備。

和任何學問一樣，創業之前，也要修習一些必要的基本功課，成功不是靠期待，而是要做足準備。

第一堂課 歸零與虛心

當我一開始加入網路營銷，仍不自覺地戴著混雜著過往包袱、知識與價值觀的「有色眼鏡」，看待熱情教導我的保羅。儘管他當時已是公司內收入第二高的經銷商，在業內也有十年的經驗，但我自認教育程度或之前的職位都比他高，堅持要用自己的方法去嘗試，結果走了一大段冤枉路。

我們經常有意無意地戴上有色眼鏡看待身旁事物，先入為主，因而無法看清它的本質。創業要成功，一定要先摘下有色眼鏡，忘記自己過去在別的行業成就多傲人，讓自己重新歸零。而歸零和虛心學習是互相配合的，當你願意放下過往，才有可能吸收新知。

第二堂課 行動與應用

沒有行動力的願景，只是一場白日夢。

所有課程和訓練都是幫助我們迎向真實挑戰。但是課堂上的學習是一回事，實際應用又是另一回事。歸零是把吸飽水的海綿擠乾，虛心受教則讓海綿吸滿新知，但若不能加以應用，結果也只會蒸發變乾，白忙一場。

付諸行動，更深一層的概念是「今日事，今日畢」，不因心生怠惰而為自己找藉口。方法之一是設定近、中、遠程目標，當近程目標達陣，往往可激化向下一個目標前進的力道。

第三堂課 努力不懈

往井裡打水，水在井底，要慢慢地打，桶子才會裝滿水。如果打了一會兒就拉上來，發現桶子沒什麼水就放棄，當然取不到水。

許多人參加創業的訓練活動，剛參加完的兩、三天，幹勁十足，過了一個星期，熱情消褪，再加上要分心處理其他事務，久了整個人就懶散下來了。一個月後，再來參加訓練，想找回最初的熱情，如此反覆，終究一事無成。網路營銷，小成功可以維持生計，大成功帶來豐厚收入。兩者之間的差別，在於你願意為這個事業付出多少時間、投入多少精力。

第四堂課 明確定位

要改變、要成功，一定要先知道自己的定位。就像是按圖索驥，必須先清楚目前所在位置，才能找到千里馬。「我的工作真的讓我快樂嗎？」「我到六十五歲，還想做這樣的工作嗎？」因為答案攸關自己的人生，每個人都應該深思。當然，如果是真心對現有工作感到滿足，並不是件壞事。但是我們也可以給自己不同的選擇，為自己、家庭、甚至社會貢獻更多，不枉此生。

第五堂課 與時俱進

世界上唯一不變的就是變。這是中國《易經》的精髓。這很真實，也很殘酷。人有「先知先覺」、「後知後覺」和「不知不覺」三種。時間每一秒都在改變，能不能隨著大環境調整腳步，抓住自己的機會和機運，取決於是否擁有開放的心態和細微的觀察力。千萬不要害怕改變。愈是害怕改變，愈無法進步。

我的團隊裡有好多的婆婆媽媽，從一開始完全不會使用電腦，到現在能徹底活用智慧型手機上網下單，開創自己的事業，這是多麼大的改變啊！願意嘗試、與時俱進，就抓住機會。

第六堂課 良禽擇木

成功者在自己的領域，通常都是如魚得水。因為適得其所，因而能脫穎而出，成就自己的天賦才能。

當我選擇了新機會、新環境，努力付諸行動，時間就給了我最好的回報，讓我成為國際領導人。我很慶幸，找到了一個適合我的環境。

良禽擇木而棲。如果選擇錯誤環境，到最後就是徒勞無功。如果對於現在的工作不滿意，懷才不遇，應該思考是不是把自己擺到錯的地方、不對的環境裡？以前我在大企業裡工作，覺得很風光，但我終究只是個中階管理人員，我的人生並未發光發熱。

第七堂課 懂得放下

堅持和固執，只在一線之間。過度的堅持，就是頑固。儘管你知道某個機會有多美好，很想跟朋友分享，但總是會有人無意接受。此時若窮追不捨，不懂得適可而止，只會讓局面變得更僵，於事無補。

給別人一些空間，給自己一點尊嚴。還有許多人正尋求改變的機會，你不需要拘泥在特定人身上。對於一些已經決定加入事業，但是卻不積極行動的夥伴們，我會觀察他們的態度，不需要強人所難。

絕對不要被一些小小的挫折給困住，而忽略了其他更遠大的目標。

第八堂課 正面思考

人在不如意時，很容易陷入負面思考，怨天尤人。有些人會從負面的思維裡尋求自我安慰，有些人則是為自己的無所作為或怠惰找藉口。這樣的負面思維一旦向內擴散，積習難改。積習產生負面能量，久而久之，就產生惡果。

人必自助而後天助。你應該自我鼓勵，對自己信心喊話，提醒自己，「我對我的人生負責，我的情緒由我掌控。」千萬不要讓負面思維，綁架你的人生。

第九堂課 不為小事抓狂

蘋果電腦或者沃爾瑪這樣的大公司，每天都會遇到很多問題和挑戰。他們之所以躋身國際知名企業，就是因為能夠迅速合宜地處理大小問題，特別是小問題。

人性有時會鑽牛角尖。我們很容易陷入「把小事放大」的心理陷阱，為小事傷神，因而忽略了更重要的人和事。在這個事業裡，身為團隊的領袖，一定要學習用最少的時間及最快的速度將大事化小，小事化無，避免

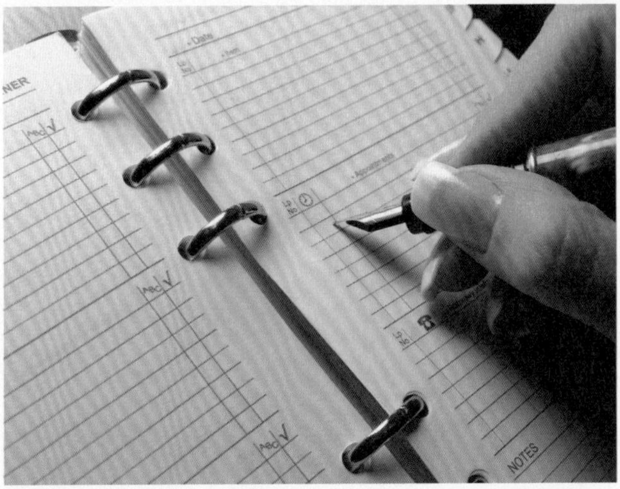

製作一個目標達成表，將設定的目標／時間表，與實際的目標／時間表做對照，再寫上收入紀錄，當成說服他人的佐證。

掉入情緒的泥淖，才能有效領導團隊，激勵夥伴的發展。

第十堂課 做好時間管理

時間是最珍貴的資源，每個人一天都只有二十四小時，如何聰明運用，把時間投資在值得的人事物上，這是人生的關鍵。

從事網路營銷，自己就是老闆，如果未能決定事情的輕重緩急，並訂出時間表，然後在規劃的時間內把事情完成，一不小心就會陷入空轉，到頭來一場空。要按表操課需要很大的自制力，但當你打從心裡想要成功，時間表是最好的加速器。

第十一堂課 保有熱情

只要有熱情，就有動力把事業做得更好。事業做得好，激發出的成就感，又讓熱情加溫，形成正面循環。

一開始，我對公司高科技產品的一些細節並不是那麼熟悉，但是很多人還是很喜歡上我的訓練課程、聽我演講。因為聽眾感受到了我的熱情。

這份熱情來自於我真心相信這個產品和事業代表著更好的希望與機會。所以積極分享我的經驗、我如何相信自己有潛力突破束縛，因而屢創銷售奇蹟。

第十二堂課 打造自己的故事

準備好了嗎？接下來是全力以赴，打造屬於你的成功故事。一步一步來，每一個小小成功，都將你推向更高的山峰。

要在網路營銷中有一番成就，打造自己的故事是非常重要的。可以製作一個目標達成表，將設定的目標／時間表，與實際的目標／時間表做對照，再寫上收入紀錄，當成說服他人的佐證。

而如果你想在六個月內寫下傳奇，第一步就是尋找具有成功特質的夥伴，讓強烈渴求成功及正面積極的人，與你一起共創人生高峰。

成功筆記

這十二堂課不只是用在工作或事業，更應在生活中實踐。工作只是人生的一環。卓越的事業源自於從容自得的人生。

幸福三部曲

創業的開頭，絕對具有挑戰性。
但是只要你站在對的位置，用對方法，掌握趨勢，
起風的時候，你將迎風飛翔。

在最難熬的多工少酬階段，最重要的還是信念與心態，信念不強會開始自我懷疑，心態不調整，就會和自己過不去。

不論是醫生、律師，還是一般上班族，絕大部分的工作，都是有做才有收入。當然，隨著專業提升或年資等條件，收入也許會逐年增加，但工作量並不會因此減量，而且一旦停止工作，收入立刻歸零。

相較之下，網路營銷的收入與工作量，如圖表所示，是隨著時間的遞增而呈相反走勢。也就是說，工作量愈變愈少，報酬卻愈來愈多。我以三到五年為基期，將收入變化切割成多工少酬、多工多酬及少工多酬的「三部曲」。

首部曲 多工少酬

這個階段是最艱難的，好比在田裡插秧播種，不管之前位階有多高，

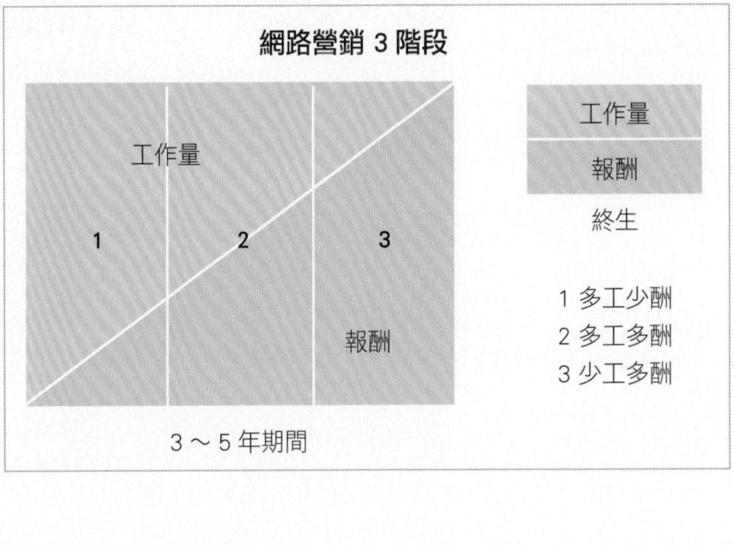

都必須將心態歸零，腳踏實地播撒種子，而種子落地還未必能順利萌芽。
初投入時，為了開發潛在客戶，勞心勞力，卻不保證有實質回收。此時身旁就容易冒出閒言閒語，並錯誤援用傳統的收入結構來評價你。
舉我自身經驗為例，第一個月我邀約六個人參與人才招募活動，但無人感興趣，後來又陸續試了幾次，仍舊徒勞無功。不僅少有收入，還得支付交通與餐飲費等費用。

二部曲　多工多酬

播種後，先是自己挑水灌溉，接著施肥、除草，就好比透過教育訓練滋養工作夥伴的素質，有些無法適應的人會離開，留下的都是有能力作戰的成員，同心協力的結果，開始進入多工多酬階段。

三部曲　少工多酬

少工多酬，這是網路營銷的終極目標。我開創的事業在滿三年時，達到了我期許的目標。許多人的工作收入欠缺累積性，例如汽車銷售員，這個月賣了一百部車，是別人眼中的銷售王，但是下一個月，再強的業績王也得從零起算，房地產仲介也是一樣。

反觀網路營銷，每個月的業績並不是從零開始，而是從上個月的業績起算。如果上個月的業績是一百萬美元，這個月的業績就從一百萬美元開始計算，這是成功的關鍵。前一陣子，我去幾個國家工作及度假，回到家就看到一張三十萬美元的支票在桌上。我很開心，也很滿足，這是我辛勤工作打下的基礎，也是我努力持續累積的結果。

成功的腳步

傳統觀念認為，網路營銷者一旦收入變好，工作動力就會逐漸下滑，事實相反。在這

我開創的事業在滿三年時，達到了我期許的目標，而今年更在洛杉磯添購了全新的總裁會館。

一行，賺得愈多，工作動能愈大，並逐漸演變為一種使命感，驅使你去幫助工作夥伴一起成功，而這也是我至今仍努力工作的理由。

我和一群人賣力工作，付出許多，才換得今日的成就。對得來不易的成功抱持感恩心情，也對後進夥伴充滿敬意，因為他們正要經歷我所走過的路，而我知道這個過程是相當艱辛的。

尤其在多工少酬的階段，最是難熬。許多人因為意志不堅，承受不了外在質疑的眼光而離開。對此，我有深刻的體會。當年父母也質問我每天都去開會，一直說自己會成為百萬富翁，但怎麼一毛錢都沒看到呢？重點還是在信念與心態，信念不強會開始自我懷疑，心態不調整，就會和自己過不去。

舉個例子，洛杉磯有一位經銷商，是名護士，一開始因產品效果顯著，她很快便招募到許多醫生和護士加入她的團隊，第一個月就締造了二十萬美元的

我和一群人賣力工作，付出許多，才換得今日的成就。對得來不易的成功抱持感恩心情，也對後進夥伴充滿敬意。

驚人業績，個人收入高達六千美元，瞬間成為當地的明星經銷商。

不料因為銷售成績太好，因來不及出貨而引發客戶不滿，加上她扎根未深，未能有效處理問題，團隊一下子就崩解了。大家雖然一再鼓勵她重新站起來，但是她自尊心太強，無法跨越自己設下的障礙，還是決定退出。

在開始的前十年，我經歷的挫折是她的百倍，每當感到沮喪，我就告訴自己，每一個障礙，都是一個機會教育，如果我沒有從中學到經驗或教訓，是自己的錯，不能責怪他人。

美國有一句俗語，「When life gives you lemons, make lemonade.」（當生命給你檸檬，把它榨成檸檬汁），懂得轉念，苦澀終能變甘甜。

成功筆記

聰明的人不能成功，大多是缺乏耐心。而平凡的人常因堅忍而勝出。網路營銷的幸福三部曲，需要的不是聰明，是耐心。

心靈力量

心是敏銳的。
創業家必須先修煉自己的心，善解人意，
宅心仁厚，才能邀集同好，攜手並進。

工作是我的舞台，盡情表演滿足心中那股表達的欲望；休息時的我則扮演安靜聆聽的角色，平衡自己的思緒和能量。

有位大老闆，曾經跟我分享，他觀察到許多著名的演講者，如吉格．金克拉（Zig Ziglar）等人彷彿有著雙重人格，一個是在台上展現光芒、感動大眾；另一個是在台下沉穩內斂、心思縝密。

喚醒內在能量

這讓我想到自己，工作是我的舞台，盡情表演滿足心中那股表達的欲望；休息時的我則扮演安靜聆聽的角色，平衡自己的思緒和能量。

選擇網路營銷，我有機會走過許多角落、接觸形形色色人物、看盡人生百態。長久下來，不僅培養出細微的觀察力，也開拓心靈視野，漸漸摸索出一套識人哲學與直覺。常常我觀察之後所說的話，都成為未卜先知的預言。

這並非我擁有天眼或通靈等特殊才能，我只是喜愛正面能量，長期與人共

走出舒適圈，體驗人生各種滋味，心靈的力量是可以被發覺與開發的。

事而磨練出洞察先機的能力。每個人在社會生存，心靈逐漸成熟、慢慢進化，只要願意敞開胸懷，其實人人都能敏銳感知周遭環境，這也許就是大家常說的「磁場」。

體驗人生滋味

多數人只用眼睛觀察事物，但肉眼看見的是否就是真理呢？生命中存在許多奧秘，要時常檢視自己的內心，不讓眼前短暫的表象蒙蔽雙眼，才能穿越迷霧、看見未來。

而心靈的力量是可以被發覺與開發的，走出舒適圈，體驗人生各種滋味，從中學習發現自己的能耐，就是一個最好的方法。生命總是充滿挑戰，唯有經歷酸甜苦辣、擁抱更多事物和經驗，才

生命總是充滿挑戰，唯有經歷酸甜苦辣、擁抱更多事物和經驗，才能認清世界的真實。

能認清世界的真實。

心靈的力量同時也是靈感和想像力的來源，孩提時期力量最為強大，有的人想當總統、太空人、警察……。長大後因現實的壓力、生活的打擊讓我們棄甲而逃，把夢想當成一個不可能實現的空想，就此放棄。但放棄一切就結束了，不放棄一切才剛開始。

我在拓展新事業時，告訴圍坐在我家餐桌的五位夥伴：「從現在開始，我們就把洛杉磯的這張小餐桌當成第一站，帶兵打仗，在全球建立灘頭堡。」內在的力量幫助我們跨越現實的藩籬，迎向無限的可能，三年後果真獲得甜美的果實。

成功筆記

開疆拓土的團隊，不是一群綿羊，而是一群老虎。要把一群個性強悍的人聚在一起，一定要從心做起。心在一起，人就在一起。

善待自己

「生命就該浪費在美好的事物上」，我用這句話時時提醒自己，在努力工作之餘，也要認真享受生活。

「行百里路勝過讀萬卷書」，旅行也是我善待自己的一個方式，我很慶幸自己遺傳了母親熱愛冒險的精神。

找到可以犒賞自己、從內心得到滿足的方式，像是聽首音樂、靜思十分鐘、捏捏兒子可愛的臉蛋，或和先生漫步公園，細細聆聽自然的天籟，對我來說就是至高的享受，如果能夠全家一起旅行，就再好不過了。

不管多忙，我都不願錯過這些能洗滌心靈、補滿元氣再出發的美好事物。

生活如此美好

儘管每個人對美好的定義不同，但品味生活的確可以刺激生活靈感與內涵。例如當我們開始懂得欣賞、穿戴或使用精緻物品與服務時，行為舉止與氣質也會有所改變，漸漸地成為值得擁有這個事物的人。

有句英文是這麼說的「Fake it till you make it.」（假到真時假成真），當心境符合此時的狀態，會因心理上的變化而真正成為這樣的人，自信心油然而生。

美好生活也是工作最大的動力，認定自己值得擁有美好事物，就會加倍努力。我也

找到可以犒賞自己、從內心得到滿足的方式，像是聽首音樂、靜思十分鐘、捏捏兒子可愛的臉蛋……

經常鼓勵工作夥伴們，不妨適時犒賞自己。不論是高級飲食文化、西式用餐禮儀、歌劇或名畫欣賞等等，有機會都可以多多參與，畢竟若能對不同人物的生活方式與價值觀有多一層的理解，在人際關係上也能多一份怡然自得。

我們是一家人

旅行也是我善待自己的一個方式。俗話說：「行百里路勝過讀萬卷書」，我很慶幸，遺傳了母親熱愛冒險的精神，從年輕時代就喜歡出國旅遊、探索

家人是最重要的靠山，帶著家人的愛與祝福，才能無後顧之憂地盡情揮灑。

未知世界，開拓自己的視野和膽識，這些經驗成為我積極前進的重要養分，更讓我懂得知足與感恩。而隨著年紀愈長，我逐漸發現「跟誰在一起」遠勝於「做了哪些事」。結婚生子讓我感受到家人的可貴及努力生活的真義。回家，讓我身心柔和、思慮清明、重獲能量。

我很慶幸自己擁有美滿家庭，這個產業會遇到許多難關，如果家人不支持，任何人都難以在事業上全力衝刺。家人是最重要的靠山，帶著家人的愛與祝福，才能無後顧之憂地盡情揮灑。

每次出差，回程時，工作夥伴都不忘叮嚀我一定要好好抱抱兒子與先生，謝謝他們支持Kim，讓大家能夠成為Kim這個大家庭的一員。

成功筆記

善待自己，心會變寬，開始感受生活中微小但確切的幸福，未來的路似乎也跟著變寬了。

Samson Li

經歷：自營房地產和連鎖家具店負責人

最正直的夥伴

彼此價值觀相同、個性契合，才可以走得長長久久。事實證明，和正直的Kim合作是非常正確的選擇。

言行舉止展現高度專業的Kim，初見面就很能博得對方的好感與尊重。我在有了更多與她接觸及學習的機會後，深感她之所以能夠像磁鐵般牢牢吸引住團隊夥伴，除了優異領導力，為人處世真誠正直，才是她贏得人心的關鍵。

Kim在網路營銷累積近二十年的經驗，是這個行業的佼佼者。她在二次創業時，找了五位好朋友，我是其中之一。對於新事業，她清楚完整勾勒出發展藍圖，並備妥具體而詳盡的執行計畫。以我經商多年的經驗，聽完她的說明，立刻知道這是個值得全心投入的事業。

事業要成功，找到對的夥伴很重要，能與Kim這樣的頂尖人物合作，絕對是千載難逢的機會，所以我毫不遲疑就加入她的創業團隊。這個產業的成功人士不在少數，但能像Kim一樣攻必克、戰必勝的人屈指可數。

朋友曾經請教香港首富李嘉誠成功的方法，首富告訴他：「身邊一定要有對的人，你要好好待他，不只是做到最低限度而已。」聽完這段話，我第一個想到的是Kim，對於工作夥伴，她盡心盡力、毫無保留的付出，不但能找到對的人，同時她也是所有人身邊那位「對的人」。

Tina Hu

經歷：餐廳經理與家庭管家

知遇之情

「只要妳想成功，妳就一定會成功。」

Kim的這句話讓我一生受用。

世上錦上添花的人多，雪中送炭的人少，Kim是其中一位。

我在十多年前由四川成都移民美國，當時因語言不通、學歷不高，只能做些管家、餐廳女侍之類的勞力工作，薪水很低，往往付完房租，僅剩二十美元要度過一個星期。再加上東方膚色，經常無故被老闆炒魷魚。

一心渴望改善生活的我，在五十歲那一年機會來叩門，我認識了Kim。她對我說，只要我真心渴望，並付出行動，全世界都會聯合起來幫助我。而第一個對我伸出援手的就是她。知道我付不出房租，她二話不說就借了我兩千美元，並帶領我進入網路營銷行業。

在她一路鼓勵下，一年後，我的收入有了很大的改善，正準備把錢還給她，沒想到她居然撕掉借據說不用還了。受到她如此的關照，我真的很感動，告訴自己務必做出一番成績，以回報她的知遇之恩。

剛加入網路營銷，不免會受一些雜音干擾，Kim總是諄諄告誡我不要被負面思維影響，要堅持內心的想望。受到她樂觀、自信的感染，我開始學著用積極、正面的態度看待自己的事業和人生。

Kim常說我們是一個團隊，她會當領頭羊，帶領大家一起通往成功的彼端。她是我的貴人，沒有她指引迷津，我絕對無法擁有今日的成就。

Yvonne Yen
經歷：美國加州東聖蓋谷聯合商會前會長、
資深理財顧問

認真又美麗

高度自律、炙熱鬥志、樂於助人，
Kim 有著令人難以望其項背的深度與廣度。

Kim 對我來說，彷彿是一個學不來的傳奇。

每當看到有人不敢夢、不敢想，勇敢圓夢的 Kim 總是企盼盡一己之力幫助對方跨出逆轉的起點。她對團隊夥伴的提攜等同家人，不藏私的把一身本事，傳授給有心學習的人。

我原本在美國從事投資理財長達十五年。本以為這輩子注定要與數字為伍，誰料得因為客戶一句：「Yvonne，有一個很好的機會，妳要不要試試？」讓我換到另一條全新跑道。

開始加入的前六個月，我只把它當成一份可有可無的兼差工作，後來眼見同期的夥伴個個業績傲人，受到很大刺激，加上Kim的一席話，這才下定決心將自己歸零，從頭學起。

Kim告訴我，要在這個行業賺到錢，絕非想像中輕鬆，必須擁有良好人際關係、公信力、責任感，加上在對的時間做對的事，這一切都需要腳踏實地，長線經營，業績不會平白從天上掉下來。

我的個性很好強，Kim比我更強，強的不只是氣勢，她用以身作則與有目共睹的成績說服了我。日後多次與她在征戰海外市場與籌畫活動的過程中，我們逐漸培養出緊密的革命情感，我希望自己不論在工作或生活上，都能夠像她一樣，認真又美麗。

第
5
章

湧泉以報

商道就是感恩之道，
天時之潮，
地利之饒，
眾人之勞，
才可以成就商道，
涓滴之恩，必當湧泉以報。

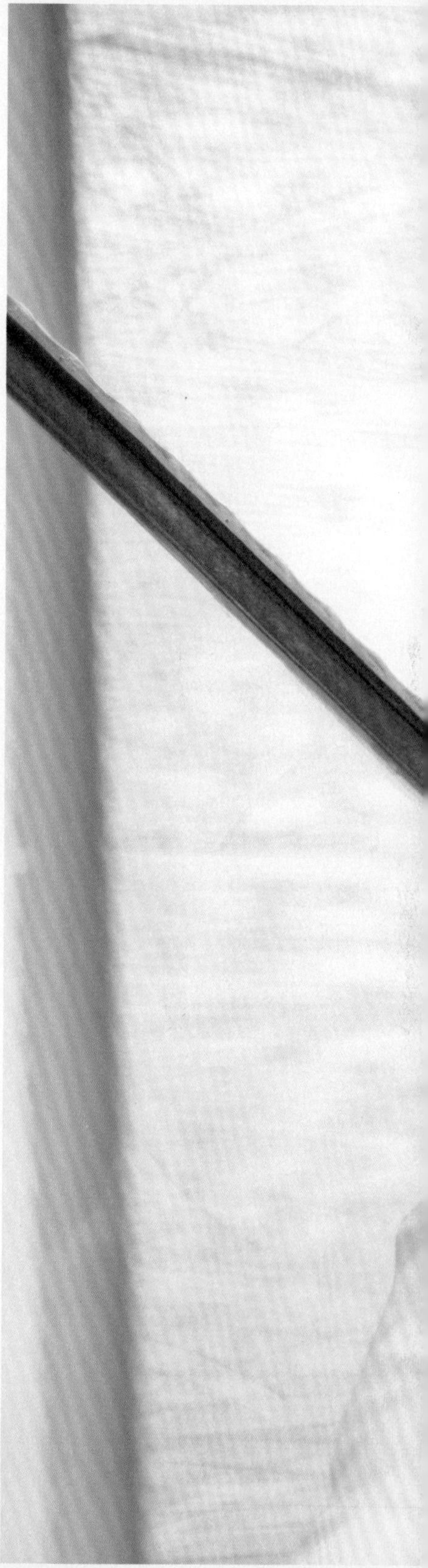

蓋第一所學校

因為我的童年困窘，所以我對小孩特別關愛；
對於小孩，沒有什麼比教育更重要。
因此，我蓋學校。什麼都可以省，讀書不能省。

2010年耶誕節前夕，我去探視歌峇里島的孤兒院。我的童年困窘，這讓我特別關愛貧弱的小孩。

幾年前我在夏威夷開展事業時，遇到一位名為艾克的薩摩亞牧師。我們在當地的飯店共進早餐，我問他為什麼想加入我們，以及想在人生中成就些什麼，他說，他想要賺錢幫助貧窮的孩子。

空白支票

艾克服務的教會在山頂買了塊地，計畫興建一所學校，提供弱勢孩子就讀學習，及一個向上的希望與可能，但目前沒錢蓋學校。在西薩摩亞，許多小孩出生窮困家庭，沒有受教育的機會，每天四處晃蕩、虛擲光陰，無法改變生活與命運。

艾克的願景和夢想感動了我。我問他興建這所學校要花多少錢，他給了我一個數字。我想了一下，告訴他：「給我一年的時間，我幫你圓夢。」

1990 年，我曾在夏威夷南方的大溪地與孤兒院的院童們一起玩水。

上：我和夥伴們會去拜訪孤兒院，也會參與和兒童有關的慈善活動期盼孩子們能感受到社會的些許溫暖。

下：每一次的感恩之旅，我都不忘帶兒子一同前往，希望能讓孩子習得知福惜福的道理，並懂得尊重生命與奉獻的意義。

但在後來聊天的過程中，我產生一股衝動，心想自己身邊有些錢，之後又有能力賺錢，為什麼還要讓孩子們等上一年呢？於是拿出身上的空白支票，寫上數字及教會的抬頭，然後把筆跡未乾的支票交給艾克，告訴他這或許是神的旨意。牧師先是一臉驚愕，接著喜極而泣。

突如其來的決定，連我自己都說不清楚是怎麼回事。早餐會議之後，我回到房間，站在陽台上望著大海，身心感到無比舒暢，好想對著大海叫喊：「我蓋了一所學校！」

點燈照路

關懷不分時間，善也無分大小，隨時隨地都可以做。每年十一月底的感恩節，我們會在我先生診所外的停車場，提供熱食、睡袋和一些衣服給游民。欣慰的是，許多工作夥伴也熱情響應，成為年度的公益活動之一。

近幾年全球天災頻仍，大自然的力量實令人畏懼，往往一瞬間就造成巨大的傷亡和損失。二〇〇八年四川省的汶川大地震就導致數十萬人流離失所，我的父母每天守在電視機前關心救災進度。當時我正好拿到在新公司的第一筆優渥收入，和家人商討後，最後把錢全數捐給舊金山的紅十字會，因為這個單位不收行政手續費，捐款可百分之百用於災民身上。二〇〇九年發生於南台灣的八八水災，同樣催毀許多家園及寶貴性命，令人沉痛。我在災後一個月去了台灣，託朋友幫我把捐款交給適合的公益機構，希望能夠提供實在而直接的援助。

隨著出國商務洽公的機會增多，最近幾年，我和夥伴們會去拜訪一些孤兒院。看著院裡罹患先天疾病、行動不便、失明或失聰的孩子，教人極端不捨，雖然無法減輕他們身心上的傷痛，但大家一起出錢出力，期盼孩子們至少能感受到

關懷不分時間，善也無分大小，只要有心，隨時隨地都可以做。

社會的些許溫暖。

由於我自己是移民，若有機會到不同的國家，都會詢問當地的朋友，有沒有協助移民者的公益捐助管道。另外，在馬來西亞，我也捐了一些錢幫助單親媽媽協會，讓她們學習一技之長，自立自強。

幸運如我，可以過著財富自由的生活，這財富如果能點燃少許光亮，照亮他人原本幽暗難行的道路，才是發揮了它真正的價值。而每一次的感恩之旅，我都不忘帶兒子一同前往，就是想以身教的方式，讓孩子在潛移默化中，習得知福、惜福的道理，並懂得尊重生命與奉獻的意義。

成功筆記

我只是捐款蓋了學校，真正偉大的是教導孩子學習，讓孩子可以獲得知識，改變命運的熱心教育者。

感動人生

善念和善行不是恩澤，是拈花微笑，
是人與人之間美好的交會。
一次善行，一生感動。施比受更有福。

1990，大溪地的孤兒院小孩爭相觀看導遊拍下的照片，他們從未看過照片，這激起我幫助他們的決心。

我未曾把做慈善看作一種事業，它不該是彰顯成就的一部分，更不是強迫自己勉強做的事。「慈善」兩字的意思很簡單，就是看到別人需要幫忙，有能力就去幫。同時我也相信，積極、正面的能量是可以互相傳染的，這也是為什麼行善如此重要，用自身善念影響身邊的人，將正面磁場擴展、延伸，就能造福更多的人。

善的連結

正因為生命的長度有限，所以我想在這個限制內盡可能的從自身出發，推己及人，為世界付出更多。並非英雄式的事蹟才足以改變世界，一個人做好事，這種好的能量會像漣漪層層向外擴張，使人與人之間產生連結，形成巨大網絡，凝聚龐大力量。

在我先生身上，我看到了這股力量。他投入許多時間和精力籌措慈善資金與活動，即使辛苦也甘之如飴，至今三十年不輟。他的慷慨和無私吸引許多人相繼加入，也讓我學習到，

二十年前，我曾在湄公河把身上所有小物送給一群衣衫襤褸的孩子，對我而言，他們驚喜的表情就是最好的回饋。

慈善和公益可以有系統地定期進行，並堅定想成功助他一臂之力的念頭。

助人的喜悅

二十年前，我遠赴越南進行心靈探索兼尋根之旅，當時在湄公河三角洲附近一個貧窮小村落，看到一群衣衫襤褸、無鞋可穿的孩子，真的是到了赤貧的程度。雖然我也是艱苦家庭長大，但是在美國的生活至少衣食無虞，看到這些無助的孩子，讓我不禁產生惻隱之心。

當時沒工作的我身上

看到小孩們在門口迎接、等著拍照，終於，在他們幸福的臉上，我知道自己捐了一所學校。

沒什麼錢，就把全身上下的糖果、鉛筆、零錢等小物，一股腦兒地就送給他們。看到孩子們臉上驚喜的表情，自己也跟著開心了起來。雖然是件很小的事，因感動生成的暖流卻始終盤踞心頭。越南是我母親及先生的家鄉，我想為這片土地做更多的事，這是自小的夢想。二〇一一年，我帶著孩子回到越南，雖然車子開了五小時顛跛的山路，讓身體很難受，但愈接近目的地，我的心情就愈期待也愈興奮。當車子抵達學校門口那一刻，我便淚流滿面……看到小孩們在門口迎接、等著拍照，終於，在他們幸福的臉上，我知道自己捐了一所學校。當辛苦打拚有成後，我便盡可能地投入各種公益慈善，同時帶著孩子，讓他認識生養祖先的山水，知道自己的根在哪裡。

成功筆記

慈善不是刻意的安排，僅僅是舉手之勞。只要有機會，我願意協助他人，讓生活變得更美好。

捐愛以所需為先

慈善需要管理，愛心需有方法。
對於公益慈善，我的原則是不給予受助者現金，
而是捐贈物資，且逐期支付。
這樣才可以獲得最大的成本效益。

我是苦過來的人，深知積德惜福的喜悅，也很清楚行善需要尋求合適的方法，甚至親身到現場參與。

二〇一三年四月二十日，中國大陸四川中南部雅安市發生七級強烈地震，受災人數高達一百五十餘萬人，很多小學的校舍和教室都被震垮。

讓小朋友有書讀

得到消息，我隨即發動募款，不少高階領導人都響應，很快募到十萬美元。我們透過「新華愛心教育基金會」，在中國大陸重建小學，蓋圖書館，預計花八到十八個月重建這所小學，校名訂為「豐盛愛心小學」。

十萬美元只是初期的款項，每隔一段時間我會再帶一些領導人去一趟，看看工程進度，若需要錢，我們再捐，透過錢去買工程物資，再把物資交給當地的執行人員，逐期支付。不管花多少錢，我的心願

雅安市發生七級強震，很多小學的校舍和教室都被震垮。在中國大陸重建一所小學，讓小朋友有書讀，是我的心願之一。

就是在中國大陸重建一所小學，讓小朋友有書讀。教育是社會的百年大計。

二〇一三年一月十五日，印尼首都雅加達因連日大雨引發水災，七個鄉鎮成為水鄉，部分地區積水高達三公尺。數以千計的房屋被水淹沒，不少居民無家可歸，不少小學關閉，災民飢寒交迫。

兩個小時的山路

我募了四萬多美金，和一些領導人買了鏟子、鍋子和米糧，走了兩個多小時的山路，都是泥濘和石頭路，送物資到災區的避難所，讓災民不至於斷糧。

我是苦過來的人，深知積德

慈善需要管理，愛心需要方法，對於公益慈善，捐愛以所需為先。

惜福的喜悅。每次把物資交到災民手上，看到對方眼中的光芒，我知道所有的努力都是值得的。

但是我行善有一個原則，我賣力募款，所得款項不直接交付給災民，我都會去調查當地最需要什麼，如果需要校舍，我就動用款項購買鋼筋、磚塊、水泥等工程物資，讓災區的執行人員去重建。如果需要糧食，我就用善款買最好的米糧，送到災區。

我縱橫商場這麼多年，人看多了。人性有善有惡，行善也需要尋求合適的方法，不要讓善行引發貪念，造成新的遺憾。

成功筆記

處理任何事，都要順著人性去思考。盡可能引發人性的善念，杜絕惡念。行善如此，經營企業也是如此。

林宗瑤
經歷：得勝國際有限公司負責人、
歐雅詩國際有限公司總經理

感恩文化

「從感恩出發，從謙卑做起。」這句話因為Kim的具體實踐，不再是口號，而成為公司的核心價值。

台灣市場在草創期，Kim實現先前的承諾，不僅每個月都親自飛過來全力指導，並掏腰包補助所需經費，即使此時我們根本還沒有做出業績。我曾經在其他網路營銷公司待過八年時間，接觸過不少領袖級人物，像Kim這樣大器的，我不曾見過。

Kim的專業外型、談吐，以及渾然天成的領袖風範，令初識者印象深刻。特別是她一下飛機就直奔飯店與我們共進午餐，交談過程中，展現高度的組織行銷和電子商務專業，令一行人敬佩不已。

儘管在業界寫下各種傳奇，但這並不影響Kim的謙虛，因為她認為今天的成就，是得自許多人的幫助與鼓勵，所以常抱感謝與感恩的心情，也讓她增添一份使命感，認為有責任照顧好每一位成員。

因為這份使命感，對下，她總是身先士卒，做出成效後，再傾囊傳授她的經驗與方法。對上，Kim感謝公司提供她實現創業夢的平台與機會，不但在每年大型活動中大方送禮給老闆，發自內心的一番感言，也讓全場為之動容。

Kim創造出的感恩文化，比起有形的物質更能感動人心。

Jenny Prasetio

經歷：國際知名衛浴品牌合夥人夫人

活出自我價值

Kim 不斷自我成長，為活出人生價值而奮鬥，也因為她把幫助別人成功看得更甚自己，所以贏得大家的尊敬。

幾年前一個偶然的機會，透過朋友 Winny，我認識了 Kim。雖然我和她都扮演家庭主婦與母親的角色，但不同的是，Kim 在繁忙的家務外，同時選擇了自我挑戰，為自己的事業寫下精彩的一頁。

看著Kim即使不需為錢煩惱，仍熱情工作，積極推動行善志業，激起了我也想活出自己的渴望，加上Kim的從旁鼓勵與教導，讓我發掘潛力，開始為自己設訂目標，並一路勇往直前。

幾年共事下來，我真正見識到Kim堅忍不拔的行事風格，以及她對事業與人生有條有理的規劃。此外，Kim十分注重以正向態度來看待身旁的人、事、物，具體展現在她的言談與行動上。也因為豐富的人生經驗及正面能量，當團隊間出現意見不合時，她總是能採取公平和讓人信服的方法化解歧見。

我對Kim完全信任，篤定只要是她起頭做的任何事，一定會全力以赴，不僅能成功達陣，且超越眾人期待！

周佩霖（Christine Zhou）
經歷：SPA 中心負責人

伴我走向成功路

成功的道路並不擁擠，因為堅持的人不多。Kim 向我證明了這一點，而我也用自己的經歷再一次加以佐證：堅定信念，全力以赴，必定能帶來好結果。

二〇〇九年九月九日，我遇見生命中的貴人 Kim，人生從此變得不一樣。

我在美國從事美容化妝品生意很多年，但是成就平平，很渴望能有所突破，所以當Kim邀我加入網路營銷，我很快就答應了。

但跟所有新加入的人一樣，我也曾失望、彷徨、無措，不知道自己腳下的路將往何方、能夠走多遠、看到多少風景，又能得到多少收穫。此時，Kim給了我無比的力量，在她的指導下，我努力學習，用心觀察她奮鬥的歷程，她的心態、精神、每一句話和每一個決定，跟著她一起前進，保持不滅的熱誠。

當我一個人拖著箱子回到中國大陸開拓市場，每當遇到困難，就會想到Kim，心想她可以做到，我一定也可以辦到，就是這種簡單的想法，鼓勵我克服重重障礙。

我一直以感恩的心面對工作與生活，因為我的成功正複製於Kim，她的諄諄教導與耳提面命，成就了今天的我。

Winny Sutandyo
經歷：餐飲業老闆娘

智慧型領導人

Kim今天所得到的成功與榮耀，
讓人刮目相看以及羨慕！
但是她在背後的付出，其實是許多人無法想像的辛苦。

在公司剛起步時，Kim每一～兩周就需從美國飛到亞洲及世界各國去啟動市場。

Kim家中有個年幼的兒子，每每離開家前往機場時總不捨離開家人，常是一路哭到機場。其實Kim本身環境是非常富裕，但她卻背負更大的使命，想要讓更多人有機會翻身並實現夢想，因此她犧牲與家人的寶貴時間。

在啟動市場前期常面臨不同挑戰，但Kim豐富的實戰經驗，還有善解人意的同理心，讓很多的問題迎刃而解；我親眼見到Kim在高壓下，竟然表現出不可思議的冷靜，透過清晰的組織分析能力將整個市場從危機變轉機，我對他的智慧除了佩服更帶有尊敬！

Kim永遠就像走在前面的將領，帶領著成千上萬的軍隊為目標向前邁進！

EVOLUTION

EVOLUTION

2012. 7. 19

5875K6

EVOLUTION
Vietnam
越南
2012

國家圖書館出版品預行編目(CIP)資料

讓夢想飛翔：Kim Hui的成功筆記 / Kim Hui著. -- 臺北市：商周編輯顧問, 2013.09
面；　公分
ISBN 978-986-7877-33-8（平裝）

1.許思湄（Kim, Hui）2.傳記

785.28　　　　101026620

讓夢想飛翔
Kim Hui的成功筆記

出版時間／102年9月
出版單位／Universal Abundance Inc.
發　行　人／Kim Hui
作　　者／Kim Hui
編輯委員／閻宜文
總　策　畫／李偉行
網　　址／www.kimhui.com
企畫製作／商周編輯顧問股份有限公司
總　經　理／王學呈
業務副理／蘇偉華
企　　畫／蔡靜容
特約文編／瞿中蓮
特約執編／賴郁旻
特約美術設計／李青滿
地　　址／104臺北市中山區民生東路二段141號6樓
電　　話／（02）2505-6789轉5517
傳　　真／（02）2507-6773
網　　址／www.bwc.com.tw